90 ANOS

ACADEMIA PAULISTA DE LETRAS

90 ANOS

ACADEMIA PAULISTA DE LETRAS / IMPRENSA OFICIAL
SÃO PAULO
1999

Dados Internacionais de Catalogação na Publicação (CIP)
(Câmara Brasileira do Livro, SP, Brasil)

Academia Paulista de Letras: 90 anos. — São Paulo: Academia Paulista de Letras: Imprensa Oficial do Estado, 1999.

Vários autores.

1. Academia Paulista de Letras 2. Academia Paulista de Letras — História.

99-4315 CDD-869.9068161

Índices para catálogo sistemático:

1. Academia Paulista de Letras: História 869.9068161

ÍNDICE

APRESENTAÇÃO

A ACADEMIA PAULISTA DE LETRAS vem inspirando, ao longo dos noventa anos de existência, historiadores e cronistas interessados na sua saga. Cabe aqui esta palavra para definir um roteiro cumprido com percalços, muitos deles ameaçadores.

Registram-se, mesmo, demoradas interrupções de atividades, o que levou não poucos a duvidar da sobrevivência da entidade imaginada e fundada pelo médico e escritor, mas sobretudo polemista, Joaquim José de Carvalho, o doutor J.J., primeiro e demorado secretário-geral.

Assinalemos, desde logo, haver-se firmado, de vez, a A.P.L. com a aquisição da sede própria, no Largo do Arouche. Positivou-se, com isso, a versão de que entidade alguma sobrevive sem pouso próprio. A vida errante e cigana depaupera-as e as dissolve.

No transcurso do 90º aniversário da A.P.L., ocorreu a vários dos seus titulares a idéia de repassar-lhe o itinerário, para isso valendo-se das contribuições publicadas a respeito, mas, sobretudo, da análise de centenas de documentos, encimados pelas atas das reuniões de quase um século. Dentre os narradores mais notórios dos fastos acadêmicos figura o erudito Carlos Alberto Nunes, cujo pormenorizado relato estende-se pelo número comemorativo do 70º aniversário da A.P.L. (1979) seguido pelo texto do acadêmico Brasil Bandecchi.

O resultado das pacientes pesquisas de muitos meses, bem como do labor de elaboração do texto, constitui matéria do presente volume. Acadêmicos dedicados à Casa e com larga vivência nela debruçaram-se sobre a sua marcha no tempo e, pela primeira vez, partindo dos dias inaugurais, chegaram aos nossos, vigentes. Temos todos os motivos para considerar o mais possível completo e minucioso o que adiante se lê.

Decorre essa convicção da categoria cultural e do espírito público dos acadêmicos acertados no esforço comum de que este estudo resultou:

Myriam Ellis - Historiadora, professora titular de História do Brasil da Universidade de São Paulo, autora de livros bem recebidos nos meios intelectuais e de excelente registro crítico. Titular da cadeira de nº 13. Desempenha com exemplar proficiência suas atribuições na diretoria. Sua dedicação aos feitos paulistas e brasileiros se patenteia em obras de muita acolhida geral.

Erwin Theodor Rosenthal - *Professor titular de língua e literatura alemã da U.S.P., ocupante, ao longo de decênios, de labor universitário, de postos diretivos de notório desempenho. Vem publicando obras originais e traduções, mormente do idioma alemão, (cad. 19); jornalista na juventude, serviu durante vários anos à redação da "Gazeta". Descobriu o texto do primeiro romance a ter o Brasil como tema: "Frei Apolônio, um romance do Brasil", de Carl F. P. von Martius, escrito em 1821 e publicado em 1893.*

Célio Debes - *Advogado, procurador do Estado, mestre em história pela U.S.P., de há muito dedica-se à História, destacando-se, entre seus trabalhos, biografia do presidente Washington Luiz, a mais extensa e fiel que o estadista já recebeu; monografia sobre Júlio Prestes, elaborada quando do centenário do presidente paulista; estudos sobre a problemática ferroviária no Brasil. Membro e dirigente de diversas entidades culturais, Célio Debes fez-se conhecer pela seriedade do labor intelectual e a capacidade de pesquisas e interpretação.*

Vale ressaltar os capítulos finais desta obra, espécie de quadro histórico geral da ACADEMIA PAULISTA DE LETRAS, síntese da evolução e significado da instituição no Estado e no País.

ISRAEL DIAS NOVAES
Presidente da A.P.L.

PREFÁCIO

As Academias, mesmo quando se inspiram, em sua organização, no modelo francês de Richelieu, na realidade remontam a Platão, que reunia seus discípulos no ateniense jardim de Academus para um diálogo criador sobre o uno e o primado das idéias.

Em verdade, o que distingue uma associação acadêmica é a comum participação aos valores tanto da sensibilidade quanto do intelecto, entre eles se situando os da língua, a qual constitui o solo natural da cultura, com a sua trama sempre renovada de signos e significados mediante os quais a espécie humana converte em realidade objetiva as criações de seu espírito.

Daí a relevância da tradição como cerne das academias e fruto do amor ao passado, o qual não morre por já ter sido, pois continua sendo o relicário dos feitos do homem dotado de sentido de constância e de permanência, ponto de partida para as realizações do presente e do futuro.

É por esses motivos que uma obra destinada a cultivar o seu passado não representa apenas mais um livro acrescido à biblioteca da Academia, mas tem um significado especial, traduzindo a continuidade necessária da intenção originária daqueles que a constituiram como centro de comunhão espiritual paulista.

A Academia Paulista de Letras pode se desvanecer de sua história, que é a história dos grandes homens de letras por ela consagrados, e que souberam assinalar, com originalidade e autenticidade, alguns dos momentos mais expressivos da literatura nacional neste quase século de existência.

Dir-se-á que um século corresponde a bem pouco na histórica universal das idéias, mas o que importa é o tempo intensamente vivido, quando os segundos, por seu conteúdo existencial, adquirem um valor infinito, pondo in esse algo que contém em si a duração, à qual se referem Henri Bergson e Fernand Braudel, embora situados em planos distintos, marcando o que há de transcendental e perene no processo das revelações culturais.

Faz bem descer até as raízes das instituições, mesmo porque, no dizer sábio de Giambattista Vico, "conoscer non si può senza vedere la guisa (a forma) del nascimento".

Em primeiro lugar, Myriam Ellis nos mostra, documentadamente, quantas resistências e vacilações na gênese da APL, ressurgindo sempre de comprometedores letárgios.

A seguir, em minuncioso estudo de Célio Debes, ficamos a par de outras dificuldades afrontadas por nossa Academia, a qual, não obstante as personalidades eminentes que a compunham, somente se consolidou após possuir casa própria, firmando nossas definitivas praxes acadêmicas.

Por fim, Erwin Theodor Rosenthal, sempre tomado de amores por nosso arquivo, revela alguns de nossos preciosos guardados, quer pelo vulto das personalidades envolvidas, quer por seu próprio conteúdo, esclarecendo ou aviventando momentos relevantes de nossa História geral e literária.

Eis aí razões bastantes para se enaltecer o valor do presente livro, com o qual adquire nova força o patrimônio cultural que cabe a todos os confrades o poder-dever de cada vez mais engrandecê-lo.

Miguel Reale
Titular da Cadeira nº 2

CANTO DE AMOR À ACADEMIA

Minha Academia que se faz tão linda,
Toda debruçada sobre seu passado,
Chácara do Arouche, chá que se transforma
Num ritual antigo, suave convivência.
Ronda de lembranças envolvendo a bênção
Dos cabelos brancos recordando sagas,
Canto que se encanta na canção do tempo,
Minha Academia tão Paulista e linda!
Passam gerações e vão chegando os outros,
Conduzindo a senha de seus livros-sonhos,
Nas cadeiras-barcos vamos navegando
Entre as ilhas verdes das sessões de outrora.
Chegam peregrinos, partem navegantes,
Mas o fogo que arde na paixão das tochas
Vai de livro em livro iluminando rumos,
Ramos de saudade, ronda de lembranças
Perfumando estantes, percorrendo as salas;
Minha Academia de cabelos brancos
Toda debruçada sobre seu passado,
Numes tutelares que nos acompanham
Numa convivência que transpõe fronteiras,
Entre o agora e o sempre desses universos
Paralelos feitos de uma eterna idade.
Minha Academia de quarenta histórias,
De quarenta cantos de Piratininga,
Nas sessões futuras, quando eu for ausência,
Guarda-me no encanto deste chão do Arouche!

Paulo Bomfim

GÊNESE E RENASCIMENTO DA ACADEMIA PAULISTA DE LETRAS

Myriam Ellis

"Se a fundação da Academia não foi um trabalho de Hércules, foi, no entanto, uma campanha exaustiva e que se acompanhou de sérias contrariedades. Só a perseverança, a paciência e a vontade valorosa de Carvalho suportariam a reação que, no nosso pequeno ambiente mental, provocou a simples fundação de uma sociedade literária..." (Ulisses Paranhos - "Dr. J.J. de Carvalho. Reminiscências e Impressões." Revista da Academia Paulista de Letras, nº 1, ano 1. Novembro, 1937)

O MAIS ANTIGO LIVRO DE ATAS

Relevante fonte de informações, afinada com a vida socio-cultural paulista de seu tempo são as Atas das sessões da Academia Paulista de Letras. Sistematicamente coligidas, a partir do final dos anos vinte, registram e conservam a presença e a lembrança de gerações de intelectuais que, em noventa anos de existência da Academia, por ali passaram e iluminaram as quarenta Cadeiras que integram a instituição. Personalidades ilustres, que marcaram época nas múltiplas áreas das letras e do saber, em geral, cujas origens, posição social e econômica, tendências, convicções e vinculações político-ideológicas, vida profissional e intelectual aguardam aprofundadas e merecidas pesquisas de ordem histórica e sociológica.

Nas Atas reside a memória da Academia. Um patrimônio...

O recém-restaurado, respeitável e mais antigo e precioso *Livro de Atas de Sessões da Academia Paulista de Letras - 5 de abril de 1919 a 23 de setembro de 1931*, que, evidentemente, não teria sido o primeiro, é um manuscrito de oitenta e duas páginas, em letra cursiva[1], da maior relevância para a memória da instituição, por registrar momentos cruciais da sua existência, de apatia, inanição e morte aparente, como os decisivos para o seu posterior ressurgimento e reestruturação. Na realidade, quase uma segunda fundação, que houve por bem determinar e consolidar a sua sobrevivência, como já nos faz perceber o termo de abertura, datado de 2 de abril de 1919, assinado pelo Secretário Geral, o fiel e dedicado Ulisses Paranhos:

> *Este livro servirá para as atas da Academia Paulista de Letras. Foram inutilizadas as páginas 1 e 2, portanto se iniciará o registro pela página 3.*
>
> *S. Paulo, 2 de abril de 1919*
> *Dr. Ulisses Paranhos*
> *Secretário Geral"*

Compreeende o Livro duas partes, praticamente. A primeira, com duas únicas atas, datadas, uma, a 5 de abril de 1919 e, a outra, quinze meses depois, 10 de julho de 1920, lavradas durante sessões realizadas em sede provisória da Academia, uma sala da casa de nº 2 da Rua dos Timbiras. Sessões presididas, respectivamente, pelos acadêmicos Luis Pereira Barreto, Vice-Presidente da Academia, e Spencer Vampré, para eleição do dr. Afonso de Freitas e, posteriormente, do dr. José Alcântara Machado de Oliveira, para as vagas do fundador da instituição, o dr. J.J. de Carvalho e do seu primeiro presidente, o dr. Brasilio Machado.

A segunda parte do Livro - iniciada quase dez anos e meio depois - de 23 de abril de 1929 a 23 de setembro de 1931, coincidente com os acadêmicos Amadeu Amaral e, a seguir, Alcântara Machado na presidência da Academia.

As atas anteriores, de 1909 - ano da fundação - até 1928, perderam-se, infelizmente, com exceção das duas, de 1919 e 1920, referidas. Decorrência da falta de sede própria, de estrutura administrativa e de recursos financeiros.

Ulisses Paranhos, redator das Atas de 5 de abril de 1919 e 10 de julho de 1920, redigiu, também, em 1929, as de 23, 25, 27, 29 de abril e 1º e 3 de maio. Daí em diante, Artur Mota, segundo ocupante da Cadeira 16, encarregou-se da sua feitura. E, em 23 de setembro de 1931, a última ata encerrou o Livro, encontrado, posteriormente, entre os papéis deixados por aquele acadêmico, falecido em 1936 aos 14 de setembro. Fonte primária, de extrema importância para a história da Academia, foi consultado, mais tarde, pelo acadêmico Carlos Alberto Nunes, para a elaboração de parte de sua *Pequena História da Academia Paulista de Letras*[2].

Após uma falha de 5 anos, um segundo livro de atas, datilografadas, porém, em folhas avulsas, posteriormente encadernadas e correspondentes ao período de 5 de setembro de 1936 a 20 de novembro de 1937. Alcântara Machado ainda na presidência da Academia.

A partir de 30 de janeiro de 1938, até 17 de dezembro de 1981, a seqüência regular de nove livros de Atas manuscritas.

De 1982 em diante - até 1995 - as Atas passaram a ser datilografadas, encadernadas e transcritas na *Revista da Academia Paulista de Letras,* números 104 a 112.

De 1996 até 1998, colecionadas, e as de 1998, digitadas em computador até a sessão de 24 de setembro...

Ainda, a propósito do *Livro de Atas de Sessões da Academia Paulista de Letras - 5 de Abril, 1919 a 23 de Setembro de 1931*, - em questão, e, numa visão retrospectiva, os textos que encerra conduzem a períodos do maior destaque na vida pregressa da Academia.

O primeiro, de 1909 a 1919, da sua inauguração (27 de novembro de 1909) ao desaparecimento, em 1918, do seu fundador o dr. Joaquim José de Carvalho, Secretário Geral e Titular da Cadeira nº 4, e do primeiro Presidente eleito, o dr. Brasilio Machado de Oliveira - Cadeira nº 1 - em 1919.

O segundo período, 1919 a 1929, é o do conseqüente esmorecimento, da inanição e colapso da Academia.

O terceiro, de 1929 a 1931, assinala o renascimento da instituição, graças ao esforço conjunto e ferrenho dos acadêmicos Pedro Augusto Gomes Cardim, Ulisses Paranhos e Amadeu Amaral. É o momento decisivo da sua sobrevivência e continuidade, equivalente a uma segunda fundação.

A INAUGURAÇÃO DA ACADEMIA

Vinte e sete de novembro de 1909. Noite de gala no palacete do Conservatório Dramático e Musical de São Paulo, à rua de São João. Luzes, flores e música. Público afluente. Trajes a rigor. Autoridades do Governo e da Igreja. Ao som do Hino Nacional, o Presidente do Estado, Albuquerque Lins, primeiro presidente honorário da nascente Academia de Letras de São Paulo, recebido solenemente pelo Secretário Geral, o dr. Joaquim José de Carvalho, e agraciado com a medalha representativa da entidade.

No Salão nobre, plenamente ocupado, assentados em suas poltronas, após entrada imponente, trinta acadêmicos presentes, dos quarenta primeiros titulares do quadro social, os *Fundadores:* Almeida Nogueira, Gama Cerqueira, Reynaldo Porchat, Estevam de Almeida, Silvio de Almeida, Venceslau de Queiroz, Alberto Seabra, José Vicente Sobrinho, Erasmo Braga, Alberto Faria, Cônego Manfredo Leito, Benedito Otávio, Antonio de Oliveira, Martim Francisco, Valdomiro Silveira, Carlos de Campos, Gomes Cardim, Adolfo Pinto, Cláudio de Souza, Eugenio Egas, Eduardo Guimarães, Pedro de Toledo, José Feliciano.

Não compareceram: Luis Pereira Barreto, Vice-Presidente, Monsenhor Francisco de Paula Rodrigues, Raul Soares, Carlos Ferreira, Basilio de Magalhães, Amadeu Amaral, Rubião Meira, Ezequiel Ramos Júnior, Rafael Correa.

Vazia a Cadeira de Hipólito da Silva [3], por morte recente desse titular. Spencer Vampré a ocupará posteriormente.

Em ampla mesa, a primeira Diretoria: o Presidente efetivo da nova instituição, o Barão de Brasilio Machado e os acadêmicos: doutores Joaquim José de Carvalho, Secretário Geral e Procurador, Dino Bueno, Ulisses Paranhos, João Vampré, Secretários, Freitas Guimarães, Tesoureiro, e d. Presciliana de Almeida, Bibliotecária. Personalidades da maior autoridade social e literária.

Às dezenove e trinta, aberta a sessão, o presidente, em breve e solene oração, proclamou a instalação oficial da Academia Paulista de Letras, entidade empenhada, em missão conjunta, para o cultivo das ciências e das letras.

E concluiu:

> *"Na parcela de trabalho que tomamos por quinhão, bem sabemos que o sulco aberto agora será talvez mal alinhado, mas enche-nos a esperança de que pelo lavor de outras mãos se corrija o defeito do traçado e dela cresça a abundância da colheita, nesta terra de São Paulo, sempre tão nutriente e pródiga de extraordinárias riquezas..."*

A seguir, música sinfônica, longos discursos, números de canto e declamação...

No átrio do edifício, a presença sonora do Regimento de Segurança, por deferência especial do dr. Washington Luís, Secretário da Justiça e da Segurança de São Paulo, na ocasião.

No dia seguinte o *Correio Paulistano* comentava o evento:

> *"Já é uma realidade a Academia Paulista de Letras. O Estado de São Paulo, que tanto se salienta sob muitos pontos de vista, pode dizer que conta, de hoje em diante, com um núcleo coeso, vivo e fecundo de intelectuais aparelhados a movimentar o nosso meio literário, que tem sido acanhado e restrito devido à centralização que, desde muito, existe no tocante às letras. Não podia ser mais brilhante nem mais significativa a instalação oficial da nossa Academia de Letras, tal a solenidade de que se revestiu, podendo dizer-se mesmo que nunca se viu em São Paulo uma sessão literária tão imponente como a de ontem..."* [4].

Sessão que, na análise crítica de Ulisses Paranhos, teria sido um *"programa de sociedade recreativa e literária de cidade roceira..."*, que, *"sem nos consultar, Carvalho organizou para... inauguração da Academia..."* [5]

O DOUTOR J.J. DE CARVALHO

A fundação da Academia Brasileira de Letras, na Capital da República, em 1902, integrada, apenas, por intelectuais ali residentes, suscitou o surgimento de academias regionais em todo o País. A primeira, no Estado de Pernambuco.

Em São Paulo, ao dr. Joaquim José de Carvalho, à frente de uma campanha exaustiva, devem-se o empenho e a coordenação dos esforços que levaram à criação da Academia Paulista de Letras, em fins de 1909, da qual foi o primeiro Secretário Geral e Procurador.

Dois anos antes, apesar da colaboração de Silvio de Almeida, Venceslau de Queiroz e outros expoentes da cultura paulista na época, não lograra êxito a sua primeira tentativa de fundar uma associação literária de feição acadêmica[6].

De franqueza exuberante, inteligência brilhante, cultura ampla e sólida, idealista, batalhador, enérgico, obstinado e polêmico, não fora ele a vencer a incompreensão de estreito meio intelectual, a oposição de eventuais candidatos frustrados, múltiplas e gratuitas antipatias e irreverências, e obstáculos de toda ordem, teria naufragado a feliz iniciativa[7].

Oportuno é rememorar a reação promovida pelo então jovem e veemente jornalista, Roberto Moreira, através do jornal *Comércio de São Paulo,* que desencadeou calorosa polêmica entre escritores favoráveis e contrários à idéia[8].

Cabe, ainda, menção ao impedimento do acesso à Academia Paulista de intelectuais paulistas pertencentes à Academia Brasileira - Rodrigo Otávio, Garcia Redondo e Vicente de Carvalho - já *marechais* das letras segundo critério de J.J. de Carvalho, razão pela qual, na noite festiva da inauguração da nova entidade, Vicente de Carvalho distribuiu, aos convidados, exemplares de um folheto que a ridicularizava, no momento da sua apresentação ao público[9].

Um parênteses. Todavia, não muito depois, quiseram os fados que ele viesse ter à Academia Paulista de Letras, onde, no salão do Conservatório Dramático e Musical, a 27 de novembro de 1911, tomou posse da Cadeira apadrinhada por João Mendes de Almeida e em sucessão a Rafael Correa da Silva, saudado por Brasilio Machado[10].

Mas, retornando a J.J. de Carvalho, em Relatório que leu naquela sessão de 27 de novembro de 1909 ele declara:

> *"Não viemos de imatura concepção; até contrariamente, longa foi a gestação que nos trouxe à luz. De mim partiram os primeiros apelos, em 1906; e minha foi a primeira tentativa em 1907..."*

E continua:

> *"... É na intenção dos embates que a têmpera do caráter se afina; e eu me fiz e encaneci em indefesso lutar, para que também me caiba a*

satisfação íntima, quase inexprimível de poder relembrar o verso do poeta: "Ah! qu'il est si doux de s'être fait soi-même!"

"... foi com reflexão muita, com meticulosos cuidos mesmo, que se adoperou nossa alentecida organização, sempre alertos para que se não melindrassem delicadas susceptibilidades, vencendo com insistente amiudança o que os refugimentos da modéstia não nos concediam aos primeiros impulsos, fazendo-se recíprocas concessões e cedências, dando-se provimento aos atos repensados com o harmonizado escopo de que ressaísse a Academia, qual é realmente, por obra coletiva, criada por todos nós, não exclusiva resultante da operosidade de um só, menos ainda viciada pela amorfia dos enfesados produtos dos corrilhos..."

"...um ponto ainda cumpre deixar elucidado: é que a Academia hoje inaugurada não é ressurgimento de qualquer outra anteriormente projetada, não. Se em 1907 entramos em tentativas pela primeira vez, práticas essas não passaram do que foram, como aqui com toda a propriedade as denomino de tentativas; não chegaram à corporificação acabada, nem no número, nem na substância, nem na forma, nem no compromisso. Não se fez porque não se fez; e, se não se fez, se não se criou, se não viveu, não podia ter morrido, e nem podia agora ressurgir. Falhou aquela tentativa; não falhou esta e a Academia que aqui está é um fato inteiramente novo, sem subordinação nem dependências, é uma criação... de completa solidariedade... em perfeito congraçamento... a mocidade, a madureza, a velhice ainda operosa. E como não somos nem Parnaso, nem meros cultores da ficção, em adoperado ecletismo, aqui se acham a jurisprudência, a economia política a medicina... a teologia dogmática ao lado da reforma, do livre pensamento e do positivismo, a biologia, a filosofia, a interpretação dos fenômenos ocultos, a engenharia prática, a matemática, a cosmografia, a filologia, a lingüística, o beletrismo, a poesia, a arte dramática, a música, o jornalismo, o parlamentarismo, todas as atividades operosas da inteligência humana, todas as opiniões... crenças, por seus lídimos representantes, sem distinção de sexo, sem partidarismo, sem exclusão alguma, em mescla conveniente e simpática, em um convívio que queremos há de ser harmonioso... pois PRO LITTERIS SCIENTIISQUE LABORAMUS!..." [11]

O LETARGO MORTAL

Decorrido doze anos da fundação em 27 de novembro de 1909, por volta de 1921 esmorecia e definhava a Academia Paulista de Letras.

Mal rompido o ano de 1918, a 28 de janeiro falecera em São Paulo o seu fundador e grande incentivador, o médico e polígrafo Joaquim José de Carvalho, natural do Rio de Janeiro, radicado no interior paulista - em Avaré - e primeiro titular da Cadeira nº 4, Secretário Geral e Procurador da Academia na primeira diretoria.

Um ano mais, e a 5 de março, perdia a Casa o seu primeiro presidente, Brasilio Machado (1909 a 1919).

Nesse tempo, realizavam-se as reuniões em uma das salas da antiga residência da família do futuro acadêmico Pedro Oliveira Ribeiro Neto, à Rua dos Timbiras, nº 2. [12]

Não possuía a Academia uma sede própria, nem mesmo arquivos para documentos comprobatórios das suas atividades. Não obstante, restou um Livro de Atas. O das Sessões de 5 de abril de 1919 a 23 de setembro de 1931 que anuncia a eleição dos acadêmicos sucessores dos falecidos: Afonso de Freitas para a Cadeira nº 4, de J.J. de Carvalho, na sessão de 5 de abril de 1919, presidida pelo acadêmico Luís Pereira Barreto e secretariada por Ulisses Paranhos como primeiro Secretário. E José de Alcântara Machado de Oliveira para a Cadeira nº 1, de Brasilio Machado, pai do novo titular, [13] em sessão de 10 de julho de 1920, presidida por Spencer Vampré e como Secretário Ulisses Paranhos.

Daí em diante dispersaram-se os acadêmicos e recolheu-se a Academia a uma vida letárgica, como se deixasse de existir na condição de sociedade regularmente constituída e consciente de suas atribuições, motivo pelo qual escasseiam, nessas décadas, as informações, salvo uma ou outra, apenas. Como, em 1921, a da reforma dos Estatutos, *"competentemente registados (sic) nos quais, entre outras medidas novas, figura a da criação de uma classe de (acadêmicos) Ausentes, para os acadêmicos residentes fora de São Paulo e a da eleição direta para as suas vagas..."* conforme, posteriormente, em 1929, assinala a Ata da Sessão de 25 de abril. [14]

Esse registro chegou às mãos do acadêmico Carlos Alberto Nunes, segundo afirma ele na sua *Pequena História da Academia Paulista de Letras* em que menciona, também, a indicação, em 1924, do acadêmico Aristêo Seixas para presidente da Academia (1924-1929). Cargo do qual não chegou a tomar posse, alegou, bem mais tarde, o próprio Aristêo, por julgar que a sua eleição não preenchia as disposições estatutárias. Na realidade, ele pouco ou nada fez em benefício da Academia. [15] Praticamente acéfala, se não se extinguiu definitivamente foi graças à firmeza do seu dedicado e atento Secretário - desde 1909 - Ulisses Paranhos. [16]

A propósito, até a reforma Gomes Cardim, em 1929, a Academia Paulista de Letras teve, na data da sua inauguração, uma única Diretoria regimentalmente eleita por um ano. A primeira. Sessões posteriores, eleições para preenchimento de Cadeiras vagas, posses solenes foram presididas por mesas formadas de momento, nas ocasiões [17].

O RESSURGIMENTO

Decorridos nove anos, somente em 1929, os acadêmicos Amadeu Amaral[18], Ulisses Paranhos, Secretário Geral, e Pedro Augusto Gomes Cardim decidiram congregar os confrades, sistematizar as reuniões, preencher as vagas e infundir alento e vida nova à combalida Academia. Ressuscitá-la, enfim...

A iniciativa, é justo ressaltar, partiu do ânimo resoluto e enérgico de Gomes Cardim e do seu desempenho junto àqueles companheiros, no sentido de uma concentração de esforços de que resultaram a primeira sessão, para *reforma e resurgimento* da entidade, a 23 de abril, no Conservatório Dramático e Musical[19] e outras subseqüentes nos dias 25, 27 e 28.

No discurso pronunciado, a seguir, na sessão de 1º de maio de 1929, são as suas palavras:

> *Percorramos... toda a escala dolorosa dos sacrifícios, se a tanto formos compelidos, mas salvemos a nossa Academia da morte que se constata iminentemente, por inanição, sem dúvida, depreciativa aos foros de engrandecimento do nosso querido São Paulo...*[20]

Ainda no mesmo discurso, reporta-se Gomes Cardim ao dia em que, por volta de 1927, recebeu, no Conservatório, a visita do acadêmico Aristêo Seixas.

> *"Atormentava-o o abandono vexatório em que era asfixiada a Academia Paulista de Letras, não obstante o empenho, por ele, seu presidente, desenvolvido para mantê-la na precisa atividade. Ia renunciar a seu mandato... Não queria, porém, abandonar a Academia de modo a assumir perante a opinião (pública) a responsabilidade de seu completo aniquilamento. Por isso me convidava a aceitar a cadeira presidencial da Academia... pelas qualidades de combatente poderia reerguê-la, despertando-a do letargo mortal que a prostara. Respondi... com a mais formal negativa, mas protestei achar-me, com devotamento, a seu dispor para reanimação da Academia; que contasse comigo... na colaboração que lhe pudessem prestar os meus apoucados valimentos... Acordámos um outro encontro, no seu escritório... Passados dias, procurei-o; soube que fizera viagem. Dias depois... recebi informação de achar-se ainda ausente desta Capital, o que, por vezes se repetiu. E como, sem Aristêo Seixas, nada me era licito empreender, por se tratar de sua renúncia, não insisti..."*

Cumpre lembrar que Aristêo Seixas se havia mudado para Buenos Aires...

"A ideia de reerguimento da Academia, sugerida por Aristêo Seixas ficou-me a sazonar no cérebro, e só esperava oportunidade e tempo... a me ser possivel tratar do assunto... em uma das minhas vindas do Rio a esta Capital..." "...Rumando essa intenção, demandei, no dia. 19... do mês de abril (1929) o consultório do meu muito prezado Dr. Ulisses Paranhos, Secretário-geral da Academia e aí lhe dei a conhecer meus desígnios referentes à Academia Paulista de Letras. Acolheu-os... com fervoroso entusiasmo... também eram seus os mesmos projetos... Redigiram-se logo as notícias para os jornais e os convites aos acadêmicos para a primeira reunião a realizar-se em 23 seguinte. No dia imediato fiz comunicação idêntica ao meu velho amigo e ilustre acadêmico Amadeu Amaral, pedindo-lhe o seu concurso... A resposta foi... afirmativa, aquiescendo, de coração, em dar o seu prestigioso apoio ao levantamento da academia. Daí para cá nos ligamos os três, na comunhão de esforços para a desejada tentativa..." [21].

Escreve, a propósito, Carlos Alberto Nunes:

"...nenhum dos primeiros fundadores da Academia sairia de suas comodidades para pensar nessas providências que, além de dispendiosas roubam o tempo reclamado por outras obrigações" [22].

O REERGUIMENTO

Ainda naquele mês de abril, as eleições para o preenchimento das doze Cadeiras vagas por morte dos antigos ocupantes e para a escolha da nova diretoria e comissões permanentes e mais medidas assinalam a retomada do ritmo de vida e de trabalho no processo de reerguimento da Academia Paulista de Letras.

Eleitos a 27 de abril foram os acadêmicos Otoniel Mota, Sud Menucci, Guilherme de Almeida, Leo Vaz, Lourenço Filho, Artur Mota e Veiga Miranda.

E, a 1º de maio, Alfredo Pujol, Rubens do Amaral, Alfredo Ellis Junior, Afonso Taunay, Cleomenes Campos, Menotti del Picchia, Cassiano Ricardo e Plinio Salgado.

Assinados os respectivos termos de posse, foram todos coletivamente proclamados e integrados aos quadros da Academia.

Na ocasião, Gomes Cardim pronunciou expressiva oração sobre as providências que levaram ao renascimento da Academia, a sua significação e importância em um *"meio progressista como São Paulo"*, o valor dos novos acadêmicos no seu futuro e a sua disposição liberal ao escolher o fruto do labor de todos os que desejarem trabalhar.

Na semana seguinte, na sessão de 3 de maio, foi eleita, proclamada e empossada a Diretoria para o ano de 1929, assim formada: Amadeu Amaral, Presidente e Ulisses Paranhos, Secretário-Geral, Artur Mota e Sud Menucci, primeiro e segundo-Secretários e Afonso de Freitas, Tesoureiro[23].

Muito a propósito usou da palavra o Secretário Geral, Ulisses Paranhos, que propôs um voto de louvor ao acadêmico Gomes Cardim,

> *"...que, com uma energia invejável, uma vontade hercúlea, retirou, em poucos dias, a Academia das sombras onde ela dormia e projetou-a remoçada, cheia de força e de robustez, em meio da arena da luta, causando esse ressurgimento admiração aos mais indiferentes..."*

A seguir, Artur Mota solicitou à Casa que esse voto se estendesse à Mesa provisória

> *"...que tão valentemente secundou aos legítimos esforços do Dr. Gomes Cardim, mesa esta composta dos senhores Amadeu Amaral, Ulisses Paranhos e Afonso de Freitas..."*

O acadêmico Spencer Vampré

> *"...saudou aos novos, aos que agora iam ser nossos companheiros nas lutas e trabalhos - sangue vigoroso transfundido no organismo debilitado - e que representando todas as expressões do pensamento paulista iam emprestar à Academia o viço e o brilho que ela merece..."*

O Dr. Amadeu Amaral, em seu nome e no dos seus companheiros de Diretoria agradeceu ... "*a honra da escolha...*" e prometeu "*servir com honestidade, perseverança e boa vontade a causa da Academia...*"[24]

Aristocrata na forma, aristocrata das imagens, Amadeu Ataliba Arruda Amaral Leite Penteado chegou à aristocracia do pensamento e da emoção. Além do talento literário possuía algo bem pouco vulgar: absoluta inteireza de caráter. *Santo Amadeu*, era como Sud Menucci chamava esse grande poeta, altamente representativo na corrente literária entre o apogeu parnasiano-simbolista e o Modernismo de 1922[25].

Na sessão seguinte à da posse - a sétima - de 4 de maio de 1929, o segundo Presidente eleito da Academia Paulista de Letras faz o seu primeiro pronunciamento, transcrito integralmente na Ata daquele dia, por Artur Mota, a propósito da *"reforma do novo estatuto"* da Academia, *"no dispositivo referente aos membros ausentes"* (residentes fora do Estado de São Paulo) *"e às novas eleições"*, motivo principal da sessão, pronunciamento esse que revela o espírito e as metas da Academia ressurgida. Uma nova Academia. A que subsistirá...

"...Estamos em período de reorganização da Academia. Esta, praticamente, podia considerar-se morta. Há muitos anos que não se reunia. Muitas vagas se deram em seu seio. Diversos acadêmicos mudaram-se definitivamente de São Paulo. A Academia estava extinta. Do que se tem tratado ultimamente, na verdade, é criar uma Academia nova, aproveitando-se, como era natural, os restos venerandos da antiga... Nestas condições, parece que não é caso de nos atermos tanto a preceitos e compromissos que, na realidade, estavam legalmente dissolvidos pela dissolução da companhia, mas que nos devemos orientar, com certa liberdade pelos verdadeiros fins em vista: compor um grupo de homens de letras que possam trabalhar, com valor, num campo onde há muito que semear e muito que colher[26].

Sucede, nessa ocasião, que os já anteriormente modificados estatutos da Academia Paulista de Letras haviam estabelecido que os acadêmicos residentes fora do Estado pertenceriam a uma categoria denominada de ausentes e as respectivas Cadeiras seriam preenchidas mediante eleição de novos acadêmicos domiciliados em São Paulo e, por conseguinte, mais habilitados a participar da vida e dos trabalhos da entidade. Isto, sem que se retirasse ou restringisse o caráter de acadêmicos efetivos aos residentes em outros Estados e mesmo no Exterior. Era o mesmo que admitir dois acadêmicos na mesma Cadeira, de acordo com o ponto de vista de Claudio de Souza, acadêmico *ausente*, que movimentou a questão...

A situação estabelecida deu margem a dúvidas, divergências e discussões generalizadas sobre manter-se ou não aqueles estatutos em vigor, sendo que uma nova reforma exigiria a presença da maioria absoluta dos acadêmicos.

E mais. Durante o período de reorganização, a direção da Academia, de acordo com a reforma pretendida, resolveu preencher, por eleição, as vagas existentes, 12 por morte de consócios e 6 por ausência de acadêmicos residentes fora. Preencheu 15, todavia. Assim, resultaram lotadas todas as 12 vagas por morte. Restaram, porém, três nomes de convidados igualmente eleitos: Menotti del Picchia, Plinio Salgado e Cassiano Ricardo, cujas posses, na instituição, ficaram condicionadas à permanência, nos estatutos, da figura do acadêmico ausente. Abolida esta, não teriam os três candidatos ingresso no sodalício. Configurava-se uma situação extremamente difícil e constrangedora para a Academia.

Após debates intermináveis, uma proposta conciliadora, subscrita por 14 acadêmicos. Que se cumprissem os estatutos em vigor e se mantivessem na categoria de *ausentes* os acadêmicos residentes fora do Estado e se empossassem os três recém-eleitos, com base em circunstância de existência de três consócios em condições especiais no tocante à aceitação da categoria imposta pelos estatutos reformados anteriormente: os acadêmicos Monsenhor Benedito de Souza, Bispo da diocese do Espírito Santo e ali residente - signatário da reforma e sem possibilidade de mudança [27]; José Feliciano, em Paris e sem pretensão de retorno a São Paulo; e João Vampré, por quem o acadêmico Spencer Vampré se responsabilizava pela concordância com a solução apresentada.

Vencido o impasse, a abertura de vagas permitiria o ingresso dos três acadêmicos eleitos.

Entendeu o Presidente que se poderia aceitar a proposta, sem prejuízo de qualquer outra dependente da reforma dos estatutos. Levada à votação, foi acolhida e venceu por 18 votos contra 2.

Quanto à reforma dos estatutos, foi a iniciativa aprovada por unanimidade. A Spencer Vampré, Alcântara Machado e Artur Mota coube a sua reformulação com vistas a um novo projeto. [28]

Encerrado o episódio dos *ausentes*, reiniciaram-se os trabalhos, seguidos de planos, projetos e propostas, debates e resoluções, conforme registram as Atas. Sobre indicação de comissões e manutenção de uma Revista. Elogios dos predecessores e dos patronos a publicar, como homenagem, e para enriquecimento da literatura paulista. Convites às altas autoridades e representantes do mundo oficial para as sessões solenes no Teatro Municipal. E ao Presidente do Estado a fim de informá-lo da sua qualidade de Presidente honorário da Academia. A propósito, Gomes Cardim apresentou um projeto para sanar a omissão dessa disposição, quando da reforma dos Estatutos [29]. E mais. Preparo de discursos para solenidades e recepções de acadêmicos. Comemorações de festas nacionais. Sessões públicas. Culto à tradição da Academia, no intuito de despertar atenção e interesse geral. Adoção de um distintivo para os acadêmicos, em substituição ao anterior, apresentado pelo fundador, o Dr. J.J. de Carvalho [30]. Necessidade de se definir a situação financeira da Academia. "*Antes de se resolver as solenidades, deve-se cogitar da parte financeira...*", observou o acadêmico Alfredo Ellis [31]. Proposta do Secretário-geral, Ulisses Paranhos, no sentido de uma contribuição *per capita*, de 50$000. Aprovada a sugestão, os catorze acadêmicos presentes subscreveram a lista de adesões [32].

Ainda. Programação e promoção de comunicações, conferências e cursos periódicos e de interesse público. Leitura, em sessão, de textos de acadêmicos, de escritores conhecidos, autores famosos e sobre mortos ilustres. Sobre o assunto, entre diferentes temas apresentados destaca-se a evocação de J.J. de Carvalho, pelo acadêmico Ulisses Paranhos que se comprometeu a ler uma página de recordação e saudade sobre o falecido operoso e infatigável fundador da Academia [33]. Solicitação aos poderes públicos estaduais e municipais de apoio oficial para o desenvolvimento da literatura paulista, a exemplo do conferido à música, e às belas artes. Homenagem a José de Anchieta, culto cívico no Conservatório Dramático e Musical de São Paulo, em sessão especial no dia 9 de junho e projeto de uma herma ou monumento em praça púlica para o *Apóstolo do Novo Mundo*, considerado o "fundador" da Cidade de São Paulo... E sobre a reduzida freqüência dos acadêmicos e a importância da sua presença regular nas reuniões, e do seu convívio, para troca de impressões e leitura dos seus trabalhos. E sobre a necessidade do envio de avisos impressos aos consócios às vésperas das sessões...

Na ata da 16ª sessão da Academia Paulista de Letras, realizada em 14 de outubro de 1929 e presidida por Ulisses Paranhos, presentes os acadêmicos Alcântara Machado, Lourenço Filho, Artur Mota, Afonso Taunay, Cleomenes Campos e Afonso de Freitas, o Secretário-Geral noticiou a moléstia prolongada do Presidente e o recebimento de carta sua com pedido para que assumisse a presidência a fim de impedir longa interrupção das sessões, pois, embora animador o seu estado, a fraqueza era extrema e a enfermidade exigia longo período de tratamento. A seguir, com votos pelo pronto restabelecimento da preciosa saúde do ilustre confrade, deu início à leitura da página de saudade sobre J.J. de Carvalho, destinada à "*nossa revista, como um elemento para a sua história*". Estranha coincidência configurar-se-ia dez dias depois. Dez dias depois, na 17ª sessão, em 24 de outubro, sessão extraordinária, convocada às pressas em virtude do falecimento do Presidente Amadeu Amaral, Ulisses Paranhos, bastante comovido, pronunciava o elogio do acadêmico amigo. E a Cadeira, em luto por oito dias assentava promover uma sessão de saudade, durante a qual o acadêmico Aristêo Seixas deveria ser o orador oficial...

O período que se entende como o da *Academia ressurgida* corresponde, praticamente, à presença de Amadeu Amaral na presidência da entidade, no correr de 1929. Presidência da Mesa diretora das sessões, a partir de 23 de abril e, Presidente regularmente eleito, o segundo, de 3 de maio até 14 de outubro, quando se afastou pela moléstia que o levou à morte dez dias depois. Pouco faltava para que chegasse aos seus 54 anos...

O TEMPO DE ALCÂNTARA MACHADO

Aos 11 de novembro daquele mesmo ano, na 18ª sessão presidida interinamente por Ulisses Paranhos, processou-se a eleição do sucessor de Amadeu Amaral para dirigir os destinos da Academia, o acadêmico José de Alcântara Machado de Oliveira, professor, jurista, parlamentar, biógrafo, poeta, cronista, historiador. Um escritor deslumbrado diante dos valores fecundos da vida, escreveu Cândido Mota Filho[34].

Na mesma sessão foi eleito Altino Arantes para ocupar a Cadeira de Teófilo Dias...

Após comovida oração enaltecedora de Amadeu Amaral, Ulisses Paranhos congratulou-se com a Casa, pela escolha do sucessor, a quem deu posse imediata.

Nessa ocasião, já haviam sido dados os primeiros passos, o impulso inicial, para a sobrevivência da Academia Paulista de Letras...

Sob aplausos, louvado pela profissão, carreira e posição social, Alcântara Machado, deveras emocionado, assumiu a presidência da instituição e, a seguir, pronunciou belo discurso, na forma e na essência, cujo resumo elaborado por Artur Mota permanece lavrado em Ata[35].

> *"Começou afirmando que, como antigo e experimentado causidico sabia interpretar a intenção dos seus confrades, elegendo-o para presidir os destinos da Academia. Não devia agradecer a distinção a ele feita, porque considerava o ato dos seus confrades como verdadeira injunção a que obedecia constrangido. Referiu-se ao espírito avesso dos paulistas à tendência à agremiação, às associações literárias e, portanto, às academias. Julgava, porém, que a nova fase da nossa Companhia promete vencer essa resistência instintiva e tornar em realidade o programa de realizações que já fora iniciado. Prometeu dedicar-se com entusiasmo à causa defendida pela nossa corporação, contando com o auxílio e o apoio dos confrades que o elevaram àquele posto difícil. Referiu-se, com desvanecimento à circunstância de haver merecido a mesma distinção conferida ao seu digno progenitor. Foi longa a oração por ele pronunciada, desenvolvendo o programa da sua administração e emitindo uma série de luminosos conceitos referentes à Academia. Com extrema modestia, interpretou a significação dos sufrágios dos seus pares e fez a psicologia da deliberação tomada pela coletividade.*
>
> *Foi muito aplaudido ao terminar o seu brilhante discurso".*

Na mesma sessão, ainda, o novo Presidente designou o dia 24 de Novembro, um domingo, para homenagem póstuma da Academia ao seu antecessor. O Snr. Aristêo Seixas aceitou o convite como orador oficial da cerimônia.

A sessão extraordinária de saudade teve lugar no salão nobre do Instituto Histórico e Geográfico de São Paulo, às 15 horas do dia aprazado, de acordo com a resolução da Academia.

Repleto o auditório. Presentes os admiradores de Amadeu Amaral. Destacavam-se os acadêmicos Alcântara Machado, Ulisses Paranhos, Artur Mota, Afonso de Freitas, Adolfo Pinto, Manfredo Leite, Reinaldo Porchat, Gama Cerqueira, Alvaro Guerra, Cleomenes Campos, Lourenço Filho e Rubens do Amaral.

O Presidente da Academia deu início à sessão especial e leu abreviado e comovente discurso sobre o perfil do ilustre morto, cujas filhas mergulhavam em copioso pranto.

Finda a leitura, deu a palavra ao orador oficial, o Snr. Aristêo Seixas, a quem caberia a apreciação literária do escritor e de sua obra.

Mas, qual foi a surpresa! O Snr. Aristêo se havia retirado do salão. E verificou-se que, também, do recinto do Instituto.

Foi, então, concedida a palavra à D. Noemia Nascimento Gama, que leu uma página de saudade alusiva à disputa entre a Morte e a Glória, para arrebatarem deste mundo o grande escritor paulista.

Em sequência, o acadêmico Cleomenes Campos disse versos do poeta.

Artur Mota pediu-lhe que lesse o soneto "A Memória de Amadeu Amaral", de Veiga Miranda, transmitido em carta.

D. Julieta Reichert Becker recitou duas composições poéticas e a Senhorita Altair Freire - descendente do poeta Ezequiel Freire - dois sonetos do homenageado.

O acadêmico Ulisses Paranhos pediu a palavra para explicar ao auditório que o orador oficial, - Snr. Aristêo Seixas - desaparecera do recinto, retirando-se abruptadamente, levado, talvez, por efermidade súbita, motivo pelo qual iria pronunciar algumas palavras em culto ao querido morto. E, em feliz improviso, referiu-se ao caráter, à bondade de coração e aos ornamentos da alma do saudoso companheiro, através das mais expressivas imagens poéticas.

Ainda na sessão especial, o Presidente da Academia leu uma carta a ele dirigida pelo acadêmico Alfredo Pujol, que se excusava do não comparecimento e pedia que, espiritualmente, o tivesse por presente. E o primeiro Secretário leu as de Valdomiro Silveira, Menotti del Picchia e Veiga Miranda.[36]

A partir de 11 de Novembro de 1929, até 1º de Abril de 1941 - onze anos e três meses, por força de seguidas reeleições - a presidência de Alcântara Machado, que a sua morte encerrou, corresponde a mais um capítulo na história da Academia Paulista de Letras, o da consolidação da instituição, que o nosso primeiro, belo e precioso *Livro de Atas...1919 a 1931* sugere, até a última Ata, a de 23 de Setembro de 1931. Período que aguarda o retrospecto histórico a que faz juz.

A propósito, o segundo Livro de Atas de sessões da Academia Paulista de Letras reporta-se aos anos de 1936 - a partir de 5 de Setembro - e de 1937. Faltam as Atas do final de 1931 - Outubro, Novembro - até 1936! Inexistentes ou extraviadas. Consequência da falta de sede própria e de uma estrutura administrativa de apoio. Assim, extremamente difícil a reconstituição, nessa fase, de boa parte da memória histórica da entidade através das suas Atas.

A pedra fundamental do edifício que acomoda a sede da Academia seria lançada mais tarde. A 25 de Janeiro de 1948...

Ainda sobre o primeiro *Livro de Atas...1919 a 1931*. Inaugura a gestão de Alcântara Machado a Ata de 6 de Dezembro de 1929. Correspondentes ao ano de 1930 são as Atas das sessões de 17 de Fevereiro, 7 e 27 de Março, 28 de Abril, 17 de Junho, 30 de Julho e a da sessão solene realizada no Teatro Municipal, sem menção de data, que registra a posse e recepção do acadêmico Altino Arantes; e mais as de 11 e 20 de Dezembro. Esta última, referente à sessão extraordinária, no Instituto Histórico e Geográfico de São Paulo, quando Otoniel Mota pronunciou a sua conferência sobre *Virgilio*.

De 1931 são as atas datadas de 3 de Julho e 23 de Setembro.

Ao todo e, respectivamente, 19ª, 20ª 21ª, 22ª, 23ª, 24ª, 25ª, 26ª 27ª, 28ª sessões de atas bem cuidadas, caligrafia primorosa, como todas as demais lavradas e assinadas por Artur Mota, sendo que somente a ata de 17 de Junho de 1930 é do punho do acadêmico Lourenço Filho.

A última ata da série do tantas vezes mencionado primeiro *Livro de Atas de sessões da Academia Paulista de Letras - 1919 a 1931*, pertinente à sessão de 23 de Setembro de 1931, presidida, nesse dia, pelo Secretário geral da entidade, Ulisses Paranhos, encerra, com a sua assinatura, o precioso Livro por ele aberto e iniciado a 2 de Abril de 1919, objeto do presente ensaio.

E mais. A presença de José de Alcântara Machado à frente da Academia Paulista de Letras, a partir de 11 de Novembro de 1929, chega ao termo a 1º de Abril de 1941, quando do seu falecimento, depois de onze anos e meio, praticamente, de gestão, conforme já foi dito.

Objeto destes apontamentos, o nosso *Livro de Atas...1919 a 1931*, que se estende até 23 de Setembro de 1931, cobre, apenas, os quase dois anos iniciais daquela prolongada administração. Sucede que, durante esses dois anos, instalou-se, na vida acadêmica, um recesso de doze meses, de 30 de Julho de 1930 (25ª sessão) até 3 de Julho de 1931 (27ª sessão). Um ano! Com breve interregno, entre 11 de Dezembro (26ª sessão) e 20 do mesmo mês (sessão extraordinária), para a eleição de José Carlos de Macedo Soares (11 de Dezembro), na vaga de Afonso de Freitas, a conferência de Otoniel Mota sobre *Virgilio*, no Instituto Histórico (sessão extraordinária de 20 de Dezembro de 1930) e a posse do acadêmcio Altino Arantes (data não registrada).

Um ano...Ano esse coincidente com a turbulência político-social decorrente da revolução de 1930, seus antecedentes e consequências. Acontecimentos siquer mencionados nas atas das sessões da Academia, por impedimento regimental a todo e qualquer pronunciamento, em seu recinto, motivado por questões políticas.

Todavia, não teriam os fatos deixado de repercutir na vida de muitos acadêmicos e nas atividades da Casa. na ocasião e posteriormente...

De tudo quanto foi dito, depreende-se que, na realidade, o nosso *Livro de Atas...1919 a 1931* abrange, praticamente, um ano apenas de atividades acadêmicas mais intensas na trajetória de Alcântara Machado à testa da Academia.

Nesse período, nas sessões realizadas - todas elas - no auditório - *salão nobre* - do Instituto Histórico e Geográfico de São Paulo, *célula mater* da Academia, entre os assuntos debatidos, salientam-se as mais prementes questões e preocupações dos acadêmicos, a propósito de temas vários, como a defesa da nossa língua portuguesa; a adoção da reforma ortográfica simplificada proposta pela Academia Brasileira e aprovada pelo Governo federal; criação de uma Universidade popular a ser fundada sob auspícios da Academia Paulista de Letras, porém, como entidade própria, à parte, e com apoio de associações literárias, científicas e de educação. A idéia, a criação e a defesa da Universidade. A recente fundação, na Capital paulista, do Instituto de Educação e o projeto de uma possível concentração de esforços conjuntos com a nossa Academia e demais instituições para uma finalidade comum. Discussão dos projetos dos Estatutos e do Regimento interno da Academia e sua reforma. (Aprovado o Anteprojeto dos Estatutos, na 20ª sessão, 12 Fevereiro, 1930). Comemorações do bimilenário de Virgilio e do centenário do Romantismo, em sessões solenes, com a realização de conferências de acadêmicos e de convidados, com duração de, no máximo, vinte minutos cada uma, sobre materia previamente determinada e em caráter de curso. Data comemorativa de Luis Gama e homenagem da Academia em sessão extraordinária, franqueada ao público e conferência do acadêmico Sud Menucci. E contribuição dos senhores acadêmicos com a mensalidade de 10$000 (dez mil réis) para despesas do expediente e outras mais. [37]

Ainda. Segundo o *Livro de Atas...1919 a 1931*, o período abordado assinala o passamento dos acadêmicos Adolfo Pinto (21ª sessão, 7. III. 1930), Alfredo Pujol e Afonso de Freitas (24ª sessão, 17. VI. 1930), sucedidos, os dois primeiros, por Edmundo Navarro de Andrade e Franco da Rocha, respectivamente. A seguir, a vaga de Afonso de Freitas foi ocupada por José Carlos de Macedo Soares, eleito a 11 de Dezembro de 1930 (26ª sessão). Não há referência à posse...

Em 1931, faleceu Eduardo Guimarães, árdego defensor da Universidade em São Paulo. Sucedeu-o o escritor Paulo Setubal, recebido por Guilherme de Almeida.

Quanto à posse do acadêmico Altino Arantes, sucessor de Amadeu Amaral, fundador da Cadeira nº 33, apadrinhada por Teófilo Dias, cabe mais uma referência. Posse solene. No "foyer" do Teatro Municipal. A saudação ao novel titular coube ao acadêmico Veiga Miranda. Tudo registrado em ata lavrada por Artur Mota, às folhas 40 e verso do *Livro de Atas...1919 a 1931*. Tudo, exceto a data de posse. Estranho! Certamente entre 11 e 20 de Dezembro de 1930, entremeada com a eleição de José Carlos de Macedo Soares (26ª sessão, 11 de Dezembro) e a aplaudida conferência de Otoniel Mota sobre Virgilio, em sessão extraordinária da Academia Paulista de Letras, do dia 20 daquela semana, no auditório do Instituto Histórico e Geográfico de São Paulo.

Após os três eventos retornaria a Academia ao recesso. Até 30 de Julho de 1931...

Da sessão solene no Teatro Municipal, o seu registro no *Livro de Atas...1919 a 1931*, para a nossa memória histórica:

"Os representantes da Mesa; o recipiendário e o acadêmico designado para proferir o discurso em resposta ao do novo acadêmico compareceram em traje a rigor. Na parte central do salão sentaram-se os acadêmicos em hemi-círculo formado em frente à mesa. Nas partes laterias sentaram-se os convidados, sendo que nas primeiras filas esteve o mundo oficial. Às 21 horas o Sr. Presidente, Dr. Alcântara Machado declarou aberta a sessão e proferiu uma curta oração congratulatória. Em seguida deu a palavra ao recipiendário, Dr. Altino Arantes, que leu substancioso elogio a Amadeu Amaral, seu antecessor, referindo-se também, ao patrono, Teófilo Dias, da sua Cadeira. Terminado o formoso discurso, com muitos aplausos da assistência, o Sr. Presidente deu a palavra ao acadêmico Veiga Miranda que saudou o novo acadêmico, fazendo com proficiência e apreciação dos seus méritos e do valor da sua obra. Explodiu uma salva de palmas, quando o Dr. Miranda concluiu o seu discurso. O Sr. Presidente agradeceu o comparecimento da numerosa assistência e encerrou a sessão solene..." [38]

(ass.) Artur Mota.

Encerrada a sessão de 23 de Setembro de 1931, a vigésima oitava que, por sua vez, encerra o primeiro *Livro de Atas...1919 a 1931*, certidão de renascimento da Academia Paulista de Letras, rompe-se uma sequência, pelo vazio no tempo, no espaço e na história da Academia, em decorrência do extravio de Atas posteriores...

O segundo *Livro de Atas...1936 a 1937*, datilografadas e encadernadas, principia com a que registra a sessão de 5 de Setembro de 1936, convocada pelo Presidente Alcântara Machado, para a habitual reunião - almoço mensal, no salão de inverno do restaurante do "Mappin Stores" - ata redigida pelo acadêmico Cândido Mota Filho. As seguintes são da redação de René Thiollier, Secretário geral, sucessor de Artur Mota, falecido no dia 14 do mesmo mês...

Começára um novo período na vida da academia Paulista de Letras...

Naquela sessão - 5 de Setembro de 1936 - para a vaga do acadêmico Franco da Rocha, com 14 votos, foi eleito Mário de Andrade...

NOTAS

(1) Letras de Ulisses Paranhos, Artur Mota e Lourenço Filho (uma ata) Uma das atas assinadas por Ulisses Paranhos foi lavrada por calígrafo, mediante sua determinação - pgs 4 e 4 verso. Ata de 10 de Julho, de 1920.

(2) **Revista da Academia Paulista de Letras** vol. dos **70 anos - 1909-1979.** S. Paulo, 1979, pgs. 151 e segs.

(3) José Hipólito da Silva Dutra (1858-1909) **Revista da A. P. L.** nº 63 Junho de 1958, pg 147 e segs.

(4) **Lembrança da Sessão Inaugural. Academia Paulista de Letras, 1909**. Tip. Espindola & Cia. pgs. 199 a 206. Segunda parte, Sessão inaugural. **Relatório lido pelo Secretário Geral, dr. Joaquim José de Carvalho**, pgs. 207 e segs.

(5) **"O Dr. J. J de Carvalho - Reminiscências e Impressões**. **Revista da Academia Paulista de Letras**, nº 1, Ano 1, Novembro, 1937. pg. 26 e segs.

(6) Idem. Loc. cit..

(7) Ulisses Paranhos. Loc. cit. pg. 26.

(8) Carlos Alberto Nunes - **"Pequena História da Academia Paulista de Letras - 1909 a 1955"**, In **Academia Paulista de Letras - Setenta Anos - 1909 - 1979**, pg 179. José Carlos de Macedo Soares - **"Cinquentenário da Academia"**. Discurso...27 de Novembro de 1955. **Revista da Academia Paulista de Letras**, nº 65, Outubro de 1960, Ano XX, pg. 24.

(9) Ulisses Paranhos, Loc. cit, pg. 29.

(10) Sessão realizada pela Academia Paulista de Letras, no salão do Conservatório Dramático e Musical, a 27 de Novembro de 1911, para a recepção de Vicente de Carvalho, que foi saudado por Brasilio Machado. **Revista da A. P. L**,ano 1, nº1, pg 69 e segs. Discursos de posse e de recepção. Falecido a 21 de Abril de 1924.

(11) **Relatório...** Loc. cit. pgs. 207 a 220.

(12) Academia Paulista de Letras - **Livro de Atas de Sessões. De 5 de Abril, 1919 a 23 de Setembro**, 1931. Atas de 5 de Abril de 1919 e de 10 de julho de 1920, fls. 3 e 4.

(13) **Livro de Atas de Sessões - 5 de Abril de 1919 a 23 de Setembro de 1931**, fls. 3 e 4. E Carlos Alberto Nunes - **Pequena História da Academia Paulista de Letras. Revista da Academia Paulista de Letras**, volume comemorativo dos 70 anos da entidade, pgs. 79 e seguintes.

(14) **Livro de Atas... 1919-1931**, Loc. cit. fls. 5 verso.

(15) **Revista da Academia Paulista de Letras**, vol. 63, Junho, 1958 pg. 146, Comendador Norberto Jorge - **A propósito da fundação da Academia Paulista de Letras**.

(16) Desde 1909, na primeira e única eleição; como secretário **ad hoc** nas sessões de 1919 a 1920 presididas por Luis Pereira Barreto e Spencer Vampré; e, Secretário Geral, eleito em 3 de Maio de 1929 na primeira diretoria, após a reforma. Carlos Alberto Nunes, op. cit. pg. 183.

(17) Carlos Alberto Nunes, op. cit. pg. 181.

(18) Amadeu Ataliba Arruda Amaral Leite Penteado.

(19) Academia Paulista de Letras - **Livro de Atas - Abril 1919 - Setembro 1931**, Loc. cit., fl 5. Ata 23 de Abril de 1929.

(20) P.A. Gomes Cardim, **Discurso pronunciado em sessão preparatória da reorganização da Academia Paulista de Letras**, em 1º de Maio de 1929. Tip. Irmãos Montoro & Cia. Rua Liberdade nº 5, São Paulo; pg. 19.

(21) Discurso de P.A. Gomes Cardim, em 1º de Maio de 1929, Loc. cit; pg. 3 e segs. Não foi transcrito em Ata, mas impresso aparte. É fonte da maior importância para a história da Academia Paulista de Letras e esclarecedora de momentos obscuros da sua trajetória naquele período.

(22) **Pequena História da Academia Paulista de Letras**...Loc. cit., pg. 180.

(23) **Livro de Atas de Sessões, 5 de Abril - de 1919 a 23 de Setembro de 1931**, fls. 6 a 8 verso e 9.

(24) **Livro de Atas... 5 de Abril de 1919 a 23 de Setembro de 1931**, Loc. cit., fls. 9.

(25) Ver Luis Correia de Melo, **Dicionário de Autores Paulistas**, S. Paulo, 1954, pg. 461. E Nogueira Montinho, **Amadeu Amaral, grande poeta. Folha de São Paulo**, 1º de Abril de 1978.

(26) **Livro de Atas de Sessões de 5 de Abril, 1919 a 23 de Dezembro, 1931**, fls. 12. Trecho da Exposição do Presidente, Acadêmico Amadeu Amaral, registrada em Ata de 4 de Maio de 1929 da 7ª Sessão da A. P. L., a propósito da figura do **acadêmico ausente** e discussão de uma disposição estatutária.

(27) A passagem de Mons. Benedito pela Academia coincidiu com o grande recesso da mesma, na década de 20, cf. Carlos Alberto Nunes, op. cit., pg. 197.

(28) **Livro de Atas de Sessões, de 5 de Abril, 1919 a 23 de Setembro, 1931**. Ata da 7ª Sessão, a 4 de Maio de 1929 e da 8ª a 9 do mesmo mês e ano, fls. 9 verso a 16 verso.

(29) **Livro de Atas...1919 a 1931**. Loc. cit. fls. 17 verso, Ata da Sessão de 16 de Maio de 1929.

(30) Idem, fls. 16 verso.

(31) Idem, fls. 17

(32) Idem, fls 20

(33) Idem, fls. 26

(34) Luis Correia de Melo, **Dicionário dos Escritores Paulistas**, São Paulo, 1954. Pg. 436.

(35) **Livro de Atas... 1919 a 1931**, Loc. cit. fls. 29 e 30 verso, 18ª Sessão, a 11 de Novembro de 1929.

(36) **Livro de Atas.. 1919 a 1931**, Loc. cit. fls. 30 verso, 31 e 31 verso.

(37) **Livro de Atas.. 1919 a 1931**, Loc. cit. Sessões 19ª, 20ª, 22ª, 23ª, 24ª, 25ª, 27ª.

(38) **Livro de Atas.. 1919 a 1931**, Loc. cit. fls. 40 e verso.

PANORAMA HISTÓRICO-CULTURAL DA ACADEMIA PAULISTA DE LETRAS 1980-1986

Célio Debes

INTRODUÇÃO

A Academia Paulista de Letras não logrou, nos seus 90 anos de existência, ver escrita, por completo, sua rica e significativa História.

Devemos a Carlos Alberto Nunes -tirante o clássico **Lembrança da Sessão Inaugural** - o trabalho pioneiro, a que denominou "Pequena História da Academia Paulista de Letras. 1909 a 1955". Nunes, na verdade, era médico voltado para o estudo das letras clássicas, tradutor renomado, entre outros, de Homero **(Odisséia e Ilíada),** de Goethe (Clárigo e Estela), de Shakespeare (Teatro Completo, 21 volumes), de Platão (Diálogos). Foi para o volume, **70 Anos da Academia** que preparou o trabalho (p. 151-231).

Embora despido dos rigores das obras históricas, é um valioso repositório de dados referentes à vida acadêmica e à de vários vultos que contribuíram para sua permanência e seu engrandecimento. A principal fonte de que se serviu foram as Atas das Sessões, seguidas de documentos outros, alguns do acervo da Casa, de jornais coetâneos dos fatos sobre os quais versava. E, com grande significado, do expressivo material contido nas páginas da **Revista da Academia.** Há nele, como em todo trabalho de fôlego, lacunas e reparos, a serem preenchidas, aquelas, e levados a efeito, estes, por estudos mais aprofundados.

A despeito dos respingos que se lhe possam aditar, trata-se de um apanhado importante, sem o qual, certamente, tornar-se-á difícil qualquer tentativa de recompor a trajetória da Casa de Joaquim José de Carvalho.

Seguiu-se-lhe, na mesma publicação (p. 233-248), "Breve Notícia da Academia. 1955 a 1979", da lavra de Pedro Brasil Bandecchi. Este, bacharel em Direito, historiador e professor de História. Premido pelo tempo, limitou-se a um sucinto apanhado da vida acadêmica, no quarto de século, representado pelo período que acompanha o título.

Há ainda, que se consignar a contribuição assaz interessante e apreciável, de Leonardo Arroyo, com "Memórias para a História da academia Paulista de Letras", inserto no volume 102 da **Revista** (p. 93-102). Do mesmo modo, merecem referência "na Academia Paulista de Letras", de Honório de Sylos - inserto, originariamente, no **Correio Paulistano** de 26 de novembro de 1929, que o firmara com as iniciais H. S. - (101/153-156)), e "Sobre a Fundação da A. P. L.", da lavra de Lycurgo de Castro Santos Filho (105/125-128).

A Academia, no entanto, preocupou-se, oficial e expressamente, com a preservção de sua memória. E, não podia ser diferente. De seus quadros fizeram parte, sempre, figuras ligadas à pesquisa e aos trabalhos históricos, membros inúmeros, e de destaque, dos Institutos Históricos e Geográficos Brasileiro e de São Paulo. Com esse escopo, constituiu uma Comissão Especial de História da Academia Paulista de Letras (**Revista**, 101/169). Apesar do empenho de seus criadores, não logramos encontrar registros de sua possível operosidade.

As Atas, todavia, em si, são uma fonte valiosa de informações, que se completam em outras seções da **Revista**. Nelas, encontram-se, ainda que dispersos, os elementos basilares para a reconstituição dos fastos acadêmicos. Elas próprias, têm seu histórico. Até dezembro de 1981, eram elas lavradas, manuscritas, em livro próprio, cuja derradeira é a da sessão de 17. Na **Revista**, estão inseridos os resumos delas. As referentes aos anos de 1982 e 1983, datilografadas, estão encadernadas, constituindo, respectivamente, os Livros 10 e 11, com transcrições condensadas nos volumes 104 e 105, do órgão oficial da Casa. Nas edições seguintes desta publicação, figuram as Atas de 1984 e 1985 (v. 106); apenas o primeiro de semestre de 1986 (v. 107); 1987 (v. 108); 1988, 89 e 90 (v. 109); 1991 (v. 110); 1992 e 93 (v. 111) e 1994 e 1995 (v. 112). As relativas aos anos que se seguem, até 1998, bem como as referentes ao segundo semestre de 86, preservadas pelo Sr. Geraldo Dias Moreira, encarregado das Atas, aguardam publicação. E, juntamente com estas, deverão ser encadernadas, as demais a partir de 1984.

É de se ressaltar o interesse generalizado, na Academia, pela publicação das Atas, que, juntamente com os discursos de posse e de recepção - todos os proferidos até 1998, salvo os de que seus autores não deixaram cópia, acham-se publicados - representam, como ressaltado, o grande manancial de dados indispensáveis à reconstituição do caminho palmilhado pelo Silogeu. E, isto, a despeito de haver quem inquine a leitura das Atas de exercício enfadonho... É preciso lê-las, para aquilatar-se o quanto se enganam os que expendem esse juizo temerário!

Nelas se refletem as agruras porque tem passado a Instituição, senhora de invejável patrimônio imobiliário - concebido como garantia de sua sobrevivência e subsistência - que mais lhe tem trazido aflições do que alegrias, pelos percalços financeiros dele decorrentes. Nelas, aparecem a abnegação e o estoicismo dos que têm cumprido a missão de dirigir-lhe os destinos, enfrentando as duras prebendas da gestão administrativa. Nelas, espelham-se a erudição e o brilho intelectual de seus membros; suas preocupações com o destino do idioma; a reverência com que assinalam o desaparecimento dos companheiros e de vultos proeminentes das leras e da cultura nacionais e internacionais, ao mesmo tempo em que não olvidam figuras modestas, mas que assinalaram sua passagem pela vida.

Nelas, encontra-se o rol das palestras e conferências, várias notáveis, quer pelo tema, quer pelo orador, muitas das quais agasalhadas nas páginas da **Revista**, outras, infelizmente, não. Nelas, conhecem-se os esforços e os empenhos em manter contato com o mundo exterior, não só para torná-la conhecida, mas, igualmente, para disseminar o potencial de que é detentora, no campo cultural. Nelas, há, ainda, as demonstrações de apreço e de confiança que lhe devotam acadêmicos e admiradores, confiando-lhe a guarda definitiva de documentos valiosos, peças de arte preciosas, livros e objetos raros, em doações, que surpreendem pelo número e pela constância. Nelas, há, igualmente, a estuante rotina acadêmica.

O vasto, o imenso manancial que se colhe nas Atas, exige dilatado espaço de tempo para que se possa efetuar um apanhado de todo o período da trajetória da Academia, que se segue ao trabalho de Bandecchi. Por este motivo, cingimo-nos, agora, ao levantamento de seus passos e das implicações decorrentes, apenas ao setênio 1980-1986. Abrange ele parte do mandato de Francisco Marins e os dois mandatos de Lycurgo de Castro Santos Filho.

Para facilitar a explanação, a matéria está agrupada em itens, que, em alguns casos, inobstante a separação, se mesclam.

Nas notas que abonam o texto, quando se referirem às Atas, menciona-se a data da sessão e, em seguida, o número do volume e da página da Revista, estes separados por uma barra [ex.: 20 de março de 1980 (102/164)].

A GESTÃO ADMINISTRATIVA

A grande ambição dos acadêmicos, principalmente a dos que se congregaram em torno do Presidente Alcantara Machado, depois do ressurgimento de 1929, era conquistar a sede permanente. Na ausência dela, seus integrantes reuniam-se, em almoços mensais, no antigo restaurante da Casa Mappin. Precária, por conseguinte, a vida acadêmica.

O autor de **Vida e Morte do Bandeirante,** segundo relata René Thiollier, tinha em mira obter, do Governo do Estado, por doação, o prédio de um pavimento e seu terreno, no largo do Arouche, onde funcionava o "Dispensário Álvaro Guião". Morto Alcantara, tocou a René, Secretário-Geral, persistir no propósito de conquistar aquela nesga de chão, com 28 m de frente, por 40 m de fundo.

A oportunidade surgiu por ocasião da solenidade de posse de Guilherme de Almeida no cargo de secretário do Conselho Estadual de Biblioteca e Museus. O ato realizava-se no Palácio do Governo, nos Campos Elíseos, presidido pelo Interventor Federal, Fernando Costa. Finda a cerimônia, mas, ainda presente toda a assistência, o Secretário-Geral da Academia, com anuência do governante, anuncia que o Presidente Altino Arantes tinha uma solicitação a fazer-lhe.

Formulado o pedido do terreno, Fernando Costa, assegurando-se de que o imóvel era um próprio do Estado, aquiesce, declarando seu intento de doá-lo à Academia Paulista de Letras [1].

Estávamos sob o regime ditatorial, com as casas legislativas extintas, confundindo-se no Executivo o poder que, através delas, deveria ser exercido. Assim, a vontade do Interventor era Lei. A formalização do ato se deu em Palácio. Para lá deslocou-se o Oficial Maior do 20º Tabelionato da Capital (de que era titular Menotti Del Picchia), acompanhado de ajudante habilitado. Presentes Fernando Costa, o Secretário da Justiça Marrey Júnior, vários acadêmicos, entre eles Altino, René e Gofredo da Silva Telles, Tesoureiro. Firmam as partes interessadas a "Escritura de doação que faz a fazenda do Estado à Academia Paulista de Letras". Era 11 de outubro de 1944, [2].

De posse do terreno, restava a edificação do prédio. Outro problema. Conseguir os recursos para a efetivação da obra. A tarefa, obviamente, não era fácil. A Caixa Econômica Federal, somente a 11 de dezembro de 1947, outorgou, a favor da Academia, a primeira "Escritura de mútuo, a título de financiamento, com garantia hipotecária" [3].

Coube a Gofredo da Silva Telles o esforço ingente para levar a bom termo a construção. Além dos encargos da tarefa, o Tesoureiro teve de enfrenter a incredulidade e o pessimismo de vários acadêmicos, entre os quais, o do abalizado financista Roberto Simonsen [4].

A primeira etapa, todavia, se efetivava. A 25 de janeiro de 48, soleniza-se o lançamento da pedra fundamental do edifício, na presença do Marechal Eurico Gaspar Dutra, Presidente da República, que, aliás, autorizara a Caixa Federal a conceder o empréstimo.

Já, então, restaurara-se a ordem constitucional. Diante dos rumores de que o recém-eleito Governador do Estado, Ademar de Barros, pretendia revogar a doação, precipitou-se, segundo assinala Carlos Alberto Nunes, o início simbólico das obras. A bem da verdade, o Chefe do Governo Paulista esteve presente à cerimônia, assim como os Presidentes do Tribunal de Justiça e da Assembléia Legislativa. A sagração da pedra fundamental coube ao Cardeal-Arcebispo D.

Carlos Carmelo de Vasconcelos Motta. O prédio a ser erguido obedecia a projeto do arquiteto Jacques Pilon.

Desenvolvem-se, a partir daí, os esforços ingentes de Gofredo, no sentido de concretizar o sonho de Alcantara Machado, intento de que se desincumbiria, brilhantemente.

Enquanto se desenrolavam os trabalhos da construção, René Thiollier, o Secretário-Geral Perpétuo da Academia, continuava a abrigar, em seu escritório, na rua XV de Novembro, a Secretaria e a redação da Revista.

Quando, durante a construção, as obras alcançaram certo avanço, com as lajes de alguns pavimentos assentadas, Thiollier, tendo de fechar seu escritório, passou a ocupar, precária e alternadamente, espaços do primeiro andar. O deslocamento, porém, do pouso da Secretaria e da Redação era constante, imposto pelas necessidades do desenvolvimento da construção. Mas, tão logo surgiram condições para que as reuniões se realizassem no prédio inacabado, o Secretário-Geral convenceu Altino Arantes a adotar a idéia. Assim, a 24 de abril de 1952, teve lugar, no edifício do largo do Arouche, a primeira sessão plenária da Academia.

O prédio só atingiria sua plenitude em 1955. O auspicioso acontecimento ensejou a cunhagem de Medalha Comemorativa[5] e encheu de orgulho os membros da Instituição. O entusiasmo levou alguns acadêmicos ao paroxismo. Na opinião de um deslumbrado, "se trata de uma construção imponente, para durar mil anos"[6]!...

O que era a grande esperança da tranqüila morada e de perene consolidação financeira transformou-se em constante e incômoda preocupação para os acadêmicos em geral e para as Diretorias em particular.

Segundo as concepções vigentes naqueles tempos, próximos ao término da guerra, a segurança financeira, quer familiar, quer das instituições, mormente as culturais, repousava no patrimônio imobiliário. Além de um emprego seguro de capital, a renda auferida, através dos alugueres, garantia-lhes o sustento e a manutenção.

A propósito, um dos coetâneos escrevia, empolgado com o resultado das contas prestadas por Silva Telles, em 55, que estas

> *"demostravam que as rendas da Academia já se achavam asseguradas em bases definitivas; recursos certos, que lhe proporcionam verbas folgadas para o custeio de seus serviços, com larga margem de sobras mensais e anuais para a ampliação concomitante de seus programas educativos e a incrementação progressiva dos capitais de rendas"*[7]*!*

Não era para menos. Os 17 andares do prédio, retirante os pavimentos, apartados, ocupados pela Academia, estavam alugados para a Secretaria da

Educação do Estado. Inquilino estatal, que pagava em dia o valor dos aluguéres, garantindo a receita que permitia uma vida despreocupada.

Esse "mar de rosas" não duraria muito. Um monstro estava à espreita, para turvar o ambiente bonançoso das finanças e da economia. A inflação, paulatinamente, viria afetar o País. Por outro lado, embora o locatório, pessoa jurídica, fosse sempre o mesmo, os dirigentes dela cambiavam quatrienalmente. E, dessa combinação, as agruras começavam a turbar a receita da Academia...

Atrasos no pagamento de aluguéis; dificuldades para a renovação do contrato de locação, com a suspensão, decorrente, da percepção das importâncias mensais pelo arrendamento. A conjuntura econômica faz surgir alteração na lei do inquilinato, cujas conseqüências imediatas repercutem na "locação do prédio sede à Secretaria da Educação" [8].

O problema se alterna: ora se arrecada, ora se aguarda a superação de entraves burocráticos. Tais dificuldades nem sempre se vencem com facilidade. Em algumas oportunidades, o prestígio pessoal de um acadêmico é a tábua de salvação. De uma feita, é lavrado em ata voto de agradecimento "a Geraldo Vidigal por sua decisiva atuação junto ao Governo do Estado na solução de sérias dificuldades surgidas por ocasião de o reajuste do aluguel ser pago pela Secretaria da Educação" [9].

Essa instabilidade incômoda no relacionamento inquilino-senhorio afetava a estabilidade financeira da Academia. **Déficit e superávit** se alternavam, na escrituração contábil, com reflexos na vida da Sociedade. A inflação tinha, todavia, uma faceta que, embora inegavelmente maléfica, aliviava as agruras de quem tinha recursos pecuniários aplicados no mercado financeiro... Graças aos rendimentos auferidos em tais transações, a Academia logrou, de certa feita, vencer o "déficit do mês entre o valor do aluguel e a despesa ocorrida de Cr$ 17.935,06, déficit esse decorrente do atraso no pagamento dos alugueres. Até que a inadimplência cessasse, o saldo negativo foi coberto "graças às disponibilidades da Academia, **mediante resgate de títulos constantes de seu ativo" (gn)** [10]**!**

No torvelinho da inflação, às vezes a situação dos locadores amenizava. O Presidente Lycurgo de Castro Santos Filho, em meado de 1986, dava ciência a seus pares de que, "algumas dificuldades surgidas e já superadas, relativas à aplicação dos índices legais à atualização do aluguel pago pela Secretaria da Educação", resultou um superávit. E que este superávit poderia ser aplicado, entre outras alternativas, "nas reformas da sede" [11].

A edificação que, pela empolgação com que foi recebida, viveria dez séculos, sofreu os efeitos do tempo muito precocemente, além dos decorrentes das condições do solo em que se assenta. E, antes de completar três décadas, o prédio exigia reformas...

Em 79, já se registrava a necessidade de consertos. No ano seguinte, é o setor ocupado pela Secretaria da Educação que preocupa. As instalações elétricas acusavam deficiências, pela sobrecarga de consumo a que eram submetidas. Havia "grande risco de incêndio" [12]. Ciente do perigo, a Diretoria leva sua preocupação ao conhecimento do inquilino, ao mesmo tempo em que contrata firma especializada para verificar o estado da rede elétrica do prédio. O perigo de graves conseqüências foi apontado e indicado, para atalhá-lo, a construção de "cabine de barramento". O projeto respectivo, encaminhado à concessionária de luz e força, em outubro de 80, não mereceu o indispensável pronunciamento da Light, a quem cabia autorizar sua construção.

E, por conta das delongas, o sinistro verificou-se! A devastação do acidente, embora circunscrito, foi enorme, do ponto de vista financeiro. Esclarecia o Presidente.

> *"Se o princípio de incêndio restrigiu-se à cabine de força do edifício, os efeitos estenderam-se aos cabos e fios elétricos atingindo o funcionamento dos elevadores e a iluminação elétrica"* [13].

O fogo atingiu, indiretamente, dependências da própria Academia, como o Auditório, bastante afetado, cuja parte elétrica sofreu grandes danos [14].

Encargos financeiros de monta vieram, por conseguinte, assoberbar os cofres da Academia, que os enfrentou no tocante aos reparos de ambos os setores do prédio. Restava, porém, a "cabine de barramento", de elevadissimo custo. Nutria-se, todavia, a esperança de que a Secretaria assumisse a responsabilidade por sua fatura.

Mas, além de ter sido afetada pelos efeitos do fogo, aquela área nobre ressentia-se de outros problemas, que requeriam medidas saneadoras urgentes. Chamava a atenção a "progressiva deterioração da cobertura externa do auditório, visível à simples inspeção". Como os percalços vêm sempre acompanhados, assinalava o Presidente, na mesma ocasião, "não ter a Academia recebido, até agora, os aluguéis relativos aos meses de julho e agosto" [15]. Mais despesas e menos receitas...

A cobertura do auditório - que, até bem pouco, ainda prendia a atenção da Casa e a preocupava - exigiu estudos para sua reparação. Entre as alternativas apresentadas, visando a uma "solução definitiva", destacava-se o "projeto que incluirá, simultaneamente, o serviço definitivo da cobertura do auditório e a criação de um novo ambiente fechado, uma espécie de jardim de inverno" [16].

Os incômodos sofridos pelos acadêmicos, em decorrência do princípio de incêndio, além dos gastos decorrentes, manifestaram-se em outras áreas, por si sós afetadas por problemas a elas inerentes.

O único elevador, de uso privativo da Academia, como os demais do prédio, conforme se viu, foi danificado e estava paralisado. Além disso, sofria os efeitos do vazamento do auditório, bem como da "infiltração de água do lençol freático, no poço do elevador" [17] ! Ademais, exigia ele reparos, a que se procedia, para sanar os desgastes sofridos pelo uso contínuo, durante 28 anos de atividade... Esse conjunto de circunstâncias paralisou o aparelho por 50 dias. Para contornar os inconvenientes, que dificultavam o acesso aos andares superiores, Francisco Martins anunciava que "as sessões ordinárias serão realizadas no Grande Auditório e terão, no período, dificuldades para o atendimento dos serviços de chá e lanches"[18]!

A propósito da reforma do prédio, recorda-se que uma dizia respeito a modificações na fachada. Para tanto, impunha-se o exame das plantas elaboradas por Jacques Pilon, autor do projeto. Os exemplares existentes nos arquivos da Academia estavam esmaecidos, dificultando sua consulta. Diante disso, o Presidente requereu cópia, ao órgão competente da Municipalidade. Infrutífera a diligência. Lamentava o dirigente, ao informar "ter dirigido, por motivos outros, à Prefeitura Municipal [solicitação], inutilmente, pois até agora, decorridos alguns meses, não recebeu resposta"[19]...

Uma das preocupações a respeito, referia-se aos "riscos oferecidos pelas marquises existentes na fachada do prédio, afetadas em sua segurança e em sua beleza pelas intempéries"[20]. Nota curiosa, relacionada com este assunto, vem consignada através de desabafo de Lycurgo de Castro Santos Filho.

> *"Comunica o senhor Presidente a chegada ao término ("o fim de uma obra de Santa Engrácia", em sua aliviada expressão) da colocação do S da palavra LETRAS do nome da instituição na marquise fronteira do prédio. Todas as letras foram brunidas e sua fixação renovada"[21]!*

Outros gravames materiais, também, conturbavam a rotina da Casa. A aparelhagem de som do Grande Auditório teve de ser reformada[22]. Era outra empreitada sem fim. O avanço da tecnologia vai tornando obsoletos, com rapidez incrível, os equipamentos sonoros, que se tornam imprestáveis, exigindo substituições periódicas, sempre que defeitos se apresentam. É o pesadelo constante, a atarantar as administrações e, a um tempo, a afligir o auditório, pelas dificuldades auditivas que acarreta.

Não era só, contudo. Na mesma linha de preocupações estavam o mobiliário, as alfaias, os utensílios, as janelas, as persianas, sem contar a preservação do acervo cultural.

O funcionalismo da Casa, a seu turno, requeria atenção especial. A manutenção do quadro de servidores - dos serviçais à bibliotecária - exigia que se provessem os claros eventuais, para que a normalidade da rotina não sofresse colapso; a satisfação das imposições da legislação trabalhista e a assistência que se dispensava aos empregados; a responsabilidade com a disciplina; a questão salarial; tudo, enfim, que dizia respeito à administração de pessoal eram, e são, cargas pesadas a serem aliviadas pela gestão das Diretorias.

Uma das mais delicadas, com repercussões na economia da Casa, era a referente aos reajustes salariais, em época de inflação, com índices de correção avultados. Todo início do ano social, a questão vinha à tona. "Neste mês de março -lembrava o Presidente- vence-se o dissídio a que pertencem os empregados da Academia Paulista de Letras, assim haverá reajuste salarial conforme índice oficial"[23].

Quando escasseavam as entradas devidas pelo inquilino, a Academia arcava com os ônus, valendo-se de recursos próprios. Satisfazia seus compromissos, sem postergações.

A gestão administrativa de entidades culturais, sempre olvidadas, na apresentação pública de suas atividades, constitui, como se verifica do que acima se alinhou, a parte mais árdua das atribuições de seus dirigentes, ao mesmo tempo em que é deles que depende o êxito de seus objetivos primaciais. Sem a eficiência no desempenho desses encargos materiais, os empreendimentos culturais não encontram campo para medrar.

ROTINA ACADÊMICA

A vida acadêmica se desenrola, mais efetivamente, durante as sessões. É nos dias em que estas se realizam que há a convivência, em que as opiniões são expostas, em que os debates se travam, em que se tomam posições diante de questões literárias e culturais, em que assinalam acontecimentos auspiciosos e pesarosos, em que sugestões e propostas, as mais variadas, são discutidas, em que resoluções de todo teor são adotadas. Enfim, as sessões são o palco em que a Academia exprime sua vitalidade, superando dificuldades; expandindo suas alegrias e plangendo suas mágoas; esgrimindo, nas controvérsias, a força da inteligência de seus membros; mas, e principalmente, é nelas que o convívio vivificador das relações entre seus integrantes, a base da perenidade da Academia, se concretiza.

No início do período em exame, as sessões realizavam-se quinzenalmente, na forma do Regimento Interno. Numerosos acadêmicos propunham alteração na norma regimental respectiva, de modo a elevá-las a semanais.

Coube a Nogueira Moutinho levantar a questão em plenário. Marins, na Presidência, coloca seu ponto de vista a respeito.

> *"Participava do espírito daquela proposta e até a subscrevera, anteriormente; porém, como o objetivo dela era estabelecer maior convivência e companheirismo, achava que os trabalhos das Comissões Especiais atendiam a esse propósito, com a vantagem de que as reuniões preparatórias alimentavam as reuniões ordinárias e objetivariam melhor os projetos desde o início"*[24].

A estrutura diretiva da Academia era, e é, integrada pela Diretoria e por quatro Comissões Permanentes - Filologia, Publicações, Contas e Bibliografia. Havia, e há, possibilidade da criação de Comissões Especiais. Francisco Marins, ao tomar possse, apresentou seu plano de trabalho. "No sentido de atribuir funções a maior número de acadêmicos - propunha - a constituição de seis novas comissões que se somariam às 4 Comissões Permanentes, estatutárias, a saber: Literatura, Cursos e Conferências, História da Academia, Arquivo e Documentação, Relações Públicas e Divulgação, e, Estatutos"[25].

Em 1980, anunciava o Presidente. "Serão realizadas 4 reuniões mensalmente: duas sessões ordinárias, uma reunião das Comissões Especiais e outra com palestras, estudos ou pronunciamentos dos senhores acadêmicos, preferencialmente dedicados às efemérides da Academia Paulista de Letras"[26].

A proposta de duplicação do número de reuniões plenárias (ordinárias, denominavam-se), coletivamente formulada, não logrou êxito. Ressurgiu, vitoriosa, por iniciativa de Lycurgo de Castro Santos Filho, em 82, quando aventou a idéia de que "se realizem quatro sessões mensais, a partir do mês de março corrente"[27]. Assim, às quintas-feiras, elas vêm ocorrendo durante o ano acadêmico, salvo quando, por imposição do calendário cívico ou religioso, se antecipam de um dia.

Antes de cuidarmos das sessões, em si, outro assunto a elas atinente deve ser aflorado.

Na conformidade das praxes acadêmicas, o comparecimento às sessões, implica, sempre, a percepção de **jeton**. Na mesma ocasião em que Moutinho aludira à duplicação das sessões, o **jeton** foi, também, objeto de cogitação. Houve manifestação sobre o valor a ele correspondente. O Presidente apela, então, a seus pares que aguardassem "por mais algum tempo, até que se consolidassem as finanças da Academia. Vencidos os compromissos imediatos, esse assunto poderá ser considerado". Esclarecia, ademais, que, "desde ja nas Comissões Especiais, haverá um **jeton** normal, pela participação de cada acadêmico"[28].

Sob o influxo, naturalmente, da inflação, o valor do **jeton** estava defasado. Lycurgo, além de propugnar pela elevação do número das sessões plenárias, pleiteava "que o jeton seja elevado de duzentos para mil e quinheitos cruzeiros, por sessão"! Ambas as sugestões foram encaminhadas às Comissões competentes[29]. E, na primeira plenária seguinte, verificada quinze dias depois, foi, após debate, aprovada a majoração. Dessa "reunião foi lavrada ata circunstanciada com todas as intervenções ocorridas e indicando-se os nomes dos acadêmicos que votaram favoravelmente e os que se opuseram ao valor do jeton estabelecido para as futuras quatro reuniões mensais da Academia"[30].

A elevação do valor do jeton, setuplicando-o, de uma só feita, afetava as disponibilidades da Casa. O Presidente Marins, analisando a situação financeira, e após manifestações favoráveis dos acadêmicos Miguel Reale e Alfredo Buzaid, declarava, em reunião posterior, que, "no sentido de se compatibilizar receita com despeza, adotará a Academia redução do valor monetário a ser atribuído aos senhores acadêmicos pela sua participação nas sessões" [31].

Ao iniciar-se o ano social de 1981, Francisco Marins, como gestor previdente, expõe seu propósito de "informar e traçar um plano de trabalho para futuro próximo, plano que qualifica de flexível, dadas circunstâncias supervenientes". A certa altura, faz uma explanação, do ponto de vista financeiro, sobre a retribuição aos acadêmicos pelo comparecimento às sessões. Havia, na previsão das despesas, verba destinada a este fim. "O valor prefixado, de acordo com a peça orçamentária - esclarece -, poderá ser atribuído em duodécimos, em três ou quatro sessões mensais. Nada impedindo, no entanto, que a Academia realize três, quatro ou mais reuniões mensais (inclusive de estudos e conferências). Entretanto, a retribuição semanal seria correspondente à divisão da importância fixa mensal por três sessões do mês". Caso, porém, o plenário preferisse realizar quatro sessões, a divisão seria por quatro. Critério lógico e objetivo, estipulando, com base na previsão da arrecadação, o **quantum** destinado aos **jetons**. O valor de cada parcela a ser paga estava na razão direta do número de sessões. O montante total, porém, seria inalterado. O alcance da medida levou ao adiamento de sua votação para a reunião subseqüente [32].

Nesta, deliberou-se, por unanimidade, que as sessões mensais se restringiam a três e que a retribuição pelo comparecimetno permanecesse, por conseguinte, no mesmo valor que, até então, era atribuído. Inovou-se, porém, no tocante às conferências e aos cursos. Quando "realizados em reunião pública, serão atribuídos ao conferencista principal, acadêmico ou não, dois **jetons** [33.]

Lycurgo, no entanto, persistia em seu intento de elevar o número de sessões mensais, o que logrou, como já referido. Tornando ao assunto, adita, surpreendentemente, seu pronunciamento. "Propõe, também, níveis específicos de remuneração para acadêmicos que profiram conferências ou façam apresentação de conferencistas (prevista a acumulação de jetons e outras remunerações)". Após longos debates, são aprovados "o número de sessões mensais e respectivo **jeton**, e (...) a remuneração por participação em atividades culturais" [34].

Pelo que se nota das sugestões apresentadas sobre a remuneração a conferencistas, acadêmicos ou não, e ao valor do jeton, as finanças do Silogeu deveriam apresentar uma folga extraordinária. A hipótese ainda mais se robustece, tendo em vista propositura feita por Leite Cordeiro, acolhida pela Diretoria. O jeton seria estendido a todo acadêmico honorário ou correspondente, que comparecesse às sessões [35]!

A Academia, como se verá, manteve intercâmbio com entidades culturais do interior do Estado, tendo vários de seus membros se deslocado a diversas cidades para proferir palestras e conferências. Quando ainda estava em cogitação este assunto, Lycurgo esclarecia existir "um projeto de intercâmbio" com esse objetivo, tendo vários daqueles órgãos "manifestando interesse em ouvir conferências de membros desta Casa. A contribuição da Academia à realização deste programa cultural de tanto significado consistirá no pagamento de um **jeton** ao acadêmico conferencista, destinado a cobrir despesas de viagem" [36].

Com o crescimento do número e do valor da retribuição aos acadêmicos, pela freqüência às sessões, surge um consectário inevitável. O imposto de renda incidente sobre essas verbas. Coube a Geraldo Vidigal estudar o caso e dar parecer a respeito, não tendo as Atas consignado suas conclusões [37]. Evidente fica, no entanto, que a insaciável voracidade do fisco é sempre um abantesma a abalar a tranqüilidade dos vulneráveis contribuintes...

Voltemos às sessões.

O Regimento Interno de 1971 dividia as sessões em ordinárias e extraordinárias. Aquelas, privativas dos acadêmicos, que, excepcionalmente, podiam contar com a presença de estranhos, previamente convidados. Quando, todavia, a sessão se tornasse secreta - no caso de se votar auxílio a intelectuais, ou de eleição para o preenchimento de vagas, por exemplo - apenas os titulares delas participavam. Havia, também, sob a rubrica "das atividades culturais", a realização de cursos ministrados por acadêmicos e por "intelectuais de renome", especialmente, bem como "conferências comemorativas sobre acadêmicos falecidos" (arts. 1º e 41).

As sessões dedicadas a palestras e conferências mereceram, durante algum tempo, registro especial em ata própria. Preservava-se, com esta singela providência o registro dos temas, ainda que condensadamente - já que nem todos esses pronunciamentos foram agasalhados nas páginas da Revista - bem como o rol dos presentes a estas exteriorizações das atividades culturais da Academia.

Quanto à preservação dos debates e dos demais acontecimentos ocorridos durante as sessões ordinárias, surgiu a idéia de serem elas gravadas arquivando-se as respectivas fitas. Há, em Ata, o assento elucidativo a respeito. Lycurgo de Castro Santos Filho informava

> *"que foi o acadêmico Francisco Martins, no início de sua gestão presidencial, que iniciou a gravação em fita magnética das sessões acadêmicas, gravações que constituem hoje preciosa coleção a ser continuada e conservada."*

O arquivo dessas peças exigia "perfeita conservação", como lembrava Soares Amora, tendo o Presidente prometido fazer "chegar à Academia os pormenores técnicos" a respeito [38].

O próprio Lycurgo dá conhecimento à Casa, em outra oportunidade, da existência "de uma coleção de mais de 30 fitas, gravadas com as vozes de Guilherme de Almeida, Ibrahim Nobre e outros acadêmicos, de 1967 a 1974, aproximadamente, iniciativa do acadêmico Otacílio de Carvalho Lopes"[39].

As reuniões rememorativas em homenagem a acadêmicos desaparecidos têm início, no período em exame, exatamente, pela figura do idealizador da Academia e seu primeiro Secretário-Geral.

"Recordação de Joaquim José de Carvalho" foi a conferência com que Lycurgo de Castro Santos Filho lembrou-o, seguida de considerações tecidas por Pacheco e Silva. Dois médicos que conheceram o colega e que dissertaram sobre suas reminiscências[40].

Ibrahim Nobre mereceu sessão especial, em que se assinalou o transcurso do 10º aniversário de seu passamento. Presentes representantes da Magistratura e do Ministério Público, oraram Paulo Bonfim, Oliveira Ribeiro Neto e Reinaldo Saldanha da Gama. Este, no correr de sua fala, recorda o desabafo contristado do **Tribuna de 32,** quando, "do alto de um edifício, de onde descortinava a cidade de São Paulo, disse:

Clamai silêncios que no peito enjaulo
Ante a paisagem que aqui se avista.
O chão que sabe? pode ser São Paulo
Porém o homem já não é paulista"[41]*!*

Rendeu-lhe o testemunho de sua admiração o acadêmico Pacheco e Silva, por ocasião do 48º aniversário da Revolução Constitucionalista. Narra um episódio ocorrido durante a prisão que cumpriam ele, Pacheco, Ibrahim Nobre, Aureliano Leite, Guilherme de Almeida, Júlio de Mesquita Filho e Cassiano Ricardo, na Sala da Capela, da Casa de Detenção do Rio de Janeiro. Foi em "Ainda e Sempre Ibrahim" que lembra a reação do tribuno, ao saber que não mais estavam os insurretos sujeitos à pena de morte, prevista pela legislação penal militar, em caso de sublevação armada.

De fato, dispunha o Código Penal Militar que, na vigência do estado de guerra, seriam constituídos Conselhos de Justiça Militar, cujas sentenças "não são suscetíveis de embargos" (art. 359). Noutro dispositivo, estabelecia que "o militar ou civil condenado à morte será fuzilado" (art. 354). E o preceito seguinte determinava

"Art. 355 - A pena de morte proferida em última instância (...) será executada logo depois de passada em julgado, salvo decisão em contrário do Presidente da República"

Havia todo um ritual a ser observado, antecedendo a consumação da pena: o trajeto do condenado, civil ou militar; o direito à assistência espiritual; a venda nos olhos antes dos disparos; e a determinação de que "as vozes de fogo serão substituídas por sinais".

Nos dias finais da refrega, o chefe do governo provisório baixa, datado de 29 de setembro de 32, sem qualquer exposição de motivos que o justificasse, o decreto 21.886, dispondo "sobre o processo de julgamento de crimes militares praticados nas zonas de operações militares ou território militarmente ocupado". Num de seus artigos estabelecia que, "na vigência do atual estado de comoção intestina", seriam aplicadas as prescrições previstas no Código citado, que apontava.

São Paulo constituía "território militarmente ocupado", pelo que os participantes da Revolução estavam sujeitos à pena capital.

O decreto, porém, abrandava o rigor da lei aplicável ao caso, consignando

> *"Art. 2º - Os Conselhos de Justiça, a que os mesmos artigos se referem, aplicarão as penas da legislação em tempo de guerra, com exclusão* ***da pena de morte, que será convertida na de prisão com trabalho por 30 anos"*** *(gn).*

Expressando sua decepção quanto ao abrandamento da punição, ao mesmo tempo em que exaltava o significado da luta em que se empenhara São Paulo em prol do restabelecimento de sua dignidade e da reimplantação do Estado de Direito no País, sentencia Ibrahim

Para tão grande fé, tão curta pena[42]*!*

A memória do grande tribuno foi ainda lembrada e reverenciada por Paulo Bonfim, quando do cinqüentenário de Minha Terra!; Minha Pobre Terra[43]!

Prosseguindo nas celebrações em honra de acadêmicos falecidos, a Academia assinalou o decênio do desaparecimento de Guilherme de Almeida, em sessão especialmente convocada. Nela, Raimundo de Menezes relembrou passagens de entrevista que o poeta lhe concedera sobre sua participação no Movimento Constitucionalista. Disseram poesias Paulo Bonfim e Oliveira Ribeiro Neto; a conferência esteve a cargo de Célia Berrentine, cujo tema foi "Guilherme de Almeida e o Francês"[44].

Ainda, na assinalação dessa efeméride, Fernando Góes propõe - como que a efetivar aspiração acadêmica de quatro décadas, da transformação do Largo do Arouche em Jardim dos Poetas - a ereção de herma dedicada a Guilherme[45]. Incumbiu-se da execução o escultor Luís Morrone. O artista elaborou alguns modelos da cabeça, tendo uma comissão de acadêmicos feito a escolha da que, em bronze, seria "colocada no jardim fronteiro à Academia, no Largo do Arouche"[46].

Gofredo Teixeira da Silva Telles - o fautor principal da construção do edifício sede, a quem a Casa prestou as arras de seu reconhecimento, atribuindo-lhe o título de Presidente de Honra Perpétuo da Academia e fazendo-o patrono do salão de suas reuniões - foi alvo, da mesma forma, de sessão em sua memória. Nela, não houve a participação de um panegirista adrede convidado. Sobre o homenageado pronunciaram-se o Presidente Francisco Martins, Paulo Bonfim, Osmar Pimentel, Pedro Ferraz do Amaral, Pacheco e Silva, Alcantara Silveira, Nogueira Moutinho, Ernesto Leme e Brasil Bandecchi[47].

Outro homenageado com a mesma distinção foi René Thiollier, um dos sustentáculos da Academia, nos anos heróicos, em que lhe faltava um pouso fixo, e fundador de seu orgão oficial. Sobre sua personalidade falaram Maria de Lourdes Teixeira, que o sucedera na Cadeira número 12, e o filho de René, Alexandre Thiollier[48].

Nem sempre, porém, as invocações dos membros da Casa falecidos se deram em reuniões a elas destinadas exclusivamente. A uma das expressivas figuras da intelectualidade de São Paulo, foi numa das rotineiras assembléias que se dedicou a primeira parte dos trabalhos. Sua finalidade, na expressão do Presidente, foi a de "homenagear a memória do acadêmico Fernando Góes, ocupante da Cadeira número 32, da qual tomou posse em 1971", tendo falecido em 21 de novembro de 1979, e que "foi dos acadêmicos mais atuantes". Ouviram-se, então, as vozes de Tito Lívio Ferreira, Leonardo Arroyo, Hernani Donato, Nogueira Moutinho, Mário Donato. Péricles Eugênio da Silva Ramos, na condição de co-partícipe da criação e edição, pelo Governo do Estado, da importantíssima coleção **Paulística**, reconheceu e proclamou ter sido ela "orientada por ele", Fernando Góes. Luís Martins definiu-o

> *"Aristocrata no bom sentido, pelo espírito, pela inteligência, pela nobreza das atitudes e dos sentimentos, pelo requintado gosto literário, pela inalterável cortesia no trato com seus semelhantes, pela impecável correção de maneiras no convívio social e, principalmente, pela minuciosa atenção que dispensava ao culto da amizade"*[49].

Paulo Bonfim recita a "Oração de Adeus", em que expressa seu sentimento pela perda do amigo fraterno, em termos emocionantes. "Fernando Góes, o coração baiano que arrebentou de amor por São Paulo"[50].

O poeta não exagerava. Hernani Donato lembrava, na ocasião, que Fernando Góes, que teve mais de uma oportunidade de "conhecer o mundo além da Cantareira", afirmava, insistentemente, negando-se a deixar a Paulicéia: "Eu não. Quando vou às Perdizes já sinto saudades da rua Santo Antonio"[51]!

Monteiro Lobato, antigo titular da Cadeira número 39, foi lembrado por Mário Donato, num depoimento sobre seus "vários contactos" com o criador da literatura infantil brasileira. Relembra, em palestra intitulada "O meu Lobato", sua amizade com ele, a partir dos "oito ou nove anos de idade, entre 1923 e 1924", quando, seu pai, Luís Donato, funcionário da Companhia Editora Monteiro Lobato, o levara ao estabelecimento [52]. Mereceu, ainda, o combativo propugnador pelo petróleo no Brasil uma conferência pronunciada por Pedro Ferraz do Amaral, intitulada "Monteiro Lobato e seu Tempo" [53].

Homenagens foram tributadas, igualmente, às memórias dos acadêmicos Mário de Andrade, Cassiano Ricardo, Luís Martins, Lucas Nogueira Garcez, José Geraldo Vieira, Ernesto de Sousa Campos, Afrânio do Amaral, Luciano Gualberto, Paulo Setubal, Nuto Sant'Ana, Sérgio Buarque de Holanda, Ataliba Nogueira, Raimundo de Menezes, Manuel Carlos de Figueiredo Ferraz, Pedro Chaves.

Evidenciando o prestígio da Academia, e ressaltando o valor de seus integrantes desaparecidos, a Prefeitura da Capital atribuiu a escolas do primeiro grau os nomes dos acadêmicos Pedro Rodovalho Marcondes Chaves, Pedro Brasil Bandecchi, José Pedro Leite Cordeiro, Leonardo Arroyo, José Augusto Cesar Salgado, Ibiapaba Martins e Aureliano Leite [54].

Como de hábito, a Academia acolheu, em seu seio, intelectuais estranhos a seus quadros, que, convidados, se revezavam com os acadêmicos, na realização de palestras e conferências.

Assim, Joaquim Inojosa falou sobre "O Itinerário Nacional da Semana de Arte Moderna", a respeito da qual também dissertou Mário da Silva Brito; Oliveira Ribeiro Neto celebrou Santo António de Lisboa e São Francisco de Assis. A Saga Constitucionalista, ao se comemorar seu cinqüentenário, foi recordada por Pacheco e Silva, em conferência intitulada "A Revolução Paulista de 1932. Figuras da Academia nesse Movimento". Reverenciando as memórias de vários daqueles antigos integrantes da Confraria, falaram os acadêmicos Francisco de Assis Barbosa, Maria de Lourdes Teixeira, Pacheco e Silva e Geraldo Pinto Rodrigues. Sobre o **Estatuto Internacional da Língua Portuguesa**, veio discorrer o acadêmico António Houaiss. Ainda na relação dessas sessões especiais, figura a **Mesa Redonda sobre o Conto Brasileiro na Atualidade**, com a participação dos acadêmicos Francisco Marins e Hernani Donato e de escritores e professores de Literatura [55]. Cumpria, dessa forma, a Academia, com proficiência, o objetivo primacial dos estatutos, ou seja, "a cultura da literatura e da língua nacional" [56].

Se as sessões constituíam - e constituem - a seiva da atividade acadêmica, os acadêmicos é que, em sua permanente renovação, dão perenidade à Academia.

Ao desaparecimento de um de seus membros, a Casa, após render os preitos sentidos à sua memória, declara vaga a Cadeira, rompendo o processo sucessório. É um imperativo regimental.

Entre 1979 e 1986, lamentou o Silogeu a perda dos acadêmicos Cesar Salgado, Fernando Góes, Luiz Martins, Sérgio Buarque de Holanda, Lucas

Nogueira Garcez, Ataliba Nogueira, Raymundo de Menezes, Nelson Palma Travassos, Brasil Bandecchi, Pedro Chaves, Leonardo Arroyo, Ibiapaba Martins e Leite Cordeiro.

Na forma dos Estatutos, obedecidos os trâmites neles prescritos, foram escolhidos para sucedê-los Geraldo de Camargo Vidigal, Geraldo Pinto Rodrigues, Lygia Fagundes Telles, José Tavares de Miranda, Israel Dias Novaes, Ibiapaba Martins, Odilon Nogueira de Matos, Yan de Almeida Prado, Raul de Andrada e Silva, Cyro Pimentel, Odilon da Costa Manso, Francisco Brasileiro e Erwin Theodor.

Esta rotina, que como se disse, é a fonte vivificadora da Academia, apresentou, a partir da posse de Lygia Fagundes Telles, verificada em 29 de abril de 1982, uma inovação, convertida em praxe. Praxe essa consistente na

> *"leitura de termo oficial registrado em livro especialmente destinado a esse fim, onde se documenta e, regimentalmente, se explicita a agregação à Casa de mais um de seus membros"* [57].

A propósito da posse de acadêmicos eleitos, é do ritual, na solenidade em que o ato se concretiza, após os dois discursos, do empossando e de quem o recebe, a entrega aos novos membros da Confraria do diploma e do colar acadêmico, constituído de fita e medalha.

O Regimento Interno, então vigente, dispunha que "a Academia terá bandeira ou estandarte, **ex-libris**, selos, carimbos, insignias ou divisas" (art. 51).

Nem todos esses elementos foram instituídos. Criou-se, porém, outra insígnia, além da medalha que integra o colar. Foi o distintivo de lapela. A **rosa silvestre**, "mandada confeccionar em ouro" [58]. Trata-se de peça concebida pelo insígne artista, hoje, injustamente, caído em olvido, J. Wasth Rodrigues. Oliveira Ribeiro Neto "recorda que tempo houve em que, por ocasião da posse, ao novo acadêmico se entregava com o medalhão a **Rosa de Ouro"** [59].

Por razões que se desconhecem, caiu em desuso essa prática, bem como a da exibição do distintivo pelos acadêmicos. Tanto que Geraldo Pinto Rodrigues, certa feita, propôs que se "restabeleça o uso, pelos acadêmicos, do distintivo de lapela, miniatura da **flor do Lácio**, símbolo da Casa" [60].

Além dessas exteriorizações, a Academia manifestou, sempre, uma preocupação com a saúde de seus membros. À notícia de que algum se enfermara, alguém, no plenário, registrava o fato, com os votos de recuperação. Quando, por essa razão, a ausência do paciente se prolongava, os mais chegados visitavam-no, dando conta de suas iniciativas e notícias de seu estado.

Foi sob o influxo inexorável da fragilidade humana, que duas iniciativas afloraram. Uma visando à sanidade física dos acadêmicos; a outra o resguardo dos restos mortais dos **imortais.**

Cogitou-se, seriamente, da construção do **Mausoléu Acadêmico.** Na segunda sessão de 1978, o Presidente comunicava já estar constituída, além de outras, a comissão destinada a cuidar do Mausoléu Acadêmico[61]. A matéria, pelo que se constata dos registros das sessões, não prosperou. Fica, todavia, assinalada a preocupação, em última análise, com a preservação da memória dos companheiros falecidos, cujos despojos, no geral, se espalham por jazigos particulares, sem que se sabia de suas localizações.

Mas, não só dos mortos, curou a Casa. Preocupou-se com a saúde de seus componentes em atividade. E, neste caso, a idéia efetivou-se. Tornou-se realidade, enquanto houve possibilidade material para mantê-la.

Francisco Marins, no relatório da Presidência sobre as atividades desenvolvidas em 1981 e o programa para o ano seguinte, dedica um capítulo à "Assistência Médica" (Seguro Saúde)[62].

A Academia tinha um contrato de seguro saúde com a Golden Cross. Problemas na prestação dos serviços, geraram "a idéia de um fundo especial para assistência médica aos senhores acadêmicos a ser gerido pela própria Academia". Comissão especial foi constituída para examinar a questão. Antes que ela se pronunciasse, Mário Donato propõe "a constituição do **Seguro Saúde** e o progressivo desligamento" da prestadora do serviço. Apresentada a sugestão em 17 de setembro, em 15 de outubro estava aprovada, entrando em vigor em seguida. "Assim - reza o relatório - a Academia passa a ter fundo assistencial próprio, adotadas as mesmas bases e critérios do contrato com a Golden Cross para todos os acadêmicos que da mesma se desligarem. Os que têm contrato em vigor, continuarão a fazer parte do seguro da Golden Cross até o seu término".

O fundo comum de assistência médica seria "mantido com as verbas que normalmente seriam pagas à Golden Cross para assistência àqueles acadêmicos que dela se desliguem" A assistência, nestas condições, seria a mesma assegurada pela aludida empresa.

As perspectivas para a criação do fundo eram animadoras. De acordo com as previsões, feitas em outubro de 81, "se adotadas as medidas financeiras básicas preconizadas (...) o fundo acadêmico para assistência médica contará com importância disponível de aproximadamente um milhão de cruzeiros, em maio próximo". De pronto, o montante posto à disposição do fundo foi de 400.000 cruzeiros. Esta importância seria aplicada "no mercado de capitais de modo a propiciar, a critério da Diretoria, rendas diversas a serem utilizadas no seguro saúde". Seria aberta conta corrente bancária especial destinada ao seguro saúde acadêmico[63]. Em novembro, a conta seguro saúde já se elevava a 552.000 cruzeiros[64]!

Eram os efeitos do que se convencionou denominar "ciranda financeira"...

Havia, porém, o reverso. E as dificuldades financeiras se delineiam...

Marins, em princípios de 82, ressaltava que "o Seguro Saúde constitui, atualmente, pesado ônus para a Academia, que deve fazer face, mensalmente, a dois compromissos relativos à assistência médica". Eram cerca de 170.000 cruzeiros para a Golden Cross e 160.000 para o Fundo do Seguro Saúde Acadêmico. Inobstante, foi constituída a Comissão Especial de Seguro Saúde, destinada a gerir as respectivas atividades e à qual se transferiam os recursos financeiros do Fundo. Integravam-na Pacheco e Silva, presidente; Lycurgo de Castro Santos Filho, secretário; Geraldo Pinto Rodrigues, tesoureiro; Leite Cordeiro e Mário Donato[65].

A Diretoria, na sessão seguinte, entrega à Comissão "um cheque no valor de Cr$ 887.012,00, importância correspondente à aplicação de vários rendimentos obtidos na conta referente ao Seguro Saúde"! Previa-se, ainda, um reforço de 160.000 cruzeiros, "pagáveis por ocasião do recebimento do aluguel do mês de março". A conta bancária referente a esses recursos denominar-se-ia **Academia Paulista de Letras (Comissão de Seguro Saúde)**[66].

O vulto da importância necessária para cobrir esses recursos, dadas as condições econômica por que passava o País, não era fato tranqüilizador. Daí a preocupação com os gastos nesse setor, manifestada pelo Presidente. Esclarecia os passos dados quanto à empresa prestadora do serviço e o alcance da atuação do órgão acadêmico recém-criado.

> *"De acordo com as decisões tomadas pela Casa, quando da criação da Comissão de Seguro Saúde e respectivo Fundo de Seguro Saúde, foram rescindidos todos os contratos assinados pelos senhores acadêmicos com a Golden Cross por intermédio e sob a responsabilidade financeira da Academia. Muitos dos senhores acadêmicos, porém, assinaram novos contratos diretamente, e em caráter particular, com a Golden Cross, sem perda de seus direitos de permanência. Tal providência dos senhores acadêmicos em nada influirá com as decisões oficiais da Casa a que se faz alusão no início deste tópico, pois, independentemente das opções particulares relativas à Golden Cross, o Seguro-Saúde da Academia Paulista de Letras estenderá a todos os senhores acadêmicos, sem exceção, o benefício"*[67].

"O Seguro-Saúde, a despeito da inflação, e, talvez, em conseqüência dela, ia ganhando alento financeiro. Geraldo Pinto Rodrigues, na qualidade de tesoureiro da Comissão, informava sobre a situação do Fundo. Previa que contará ele, em dezembro próximo, computadas as contribuições da Academia, os investimentos e seus rendimentos, com importância superior a 3 milhões de cruzeiros[68]!

O primeiro beneficiário do Seguro-Saúde foi o acadêmico Leonardo Arroyo, "hospitalizado para submeter-se a uma cirurgia"[69].

Os dispêndios com os benefícios é que iam mostrar a capacidade de sobrevivência do plano.

Na mesma sessão em que o Presidente da Academia manifestava "a intenção da Diretoria de, estudadas as circunstâncias, tornar mais amplas as possibilidades de assistência médica aos senhores acadêmicos", o tesoureiro da Comissão, analisava aspectos financeiros do Fundo, "diante dos altos preços das hospitalizações e tratamentos médicos eventualmente necessários"[70]. Era uma advertência, ainda que a exposição pudesse não ter esse intuito.

A preocupação elogiável com a saúde dos acadêmicos e de seus dependentes, refletindo o espírito humanitário que a inspirou, uma vez que, de pouco adiantaria acumular recursos, sem lhes dar, além dos decorrentes das finalidades estatutárias, destino capaz de proteger seus integrantes menos favorecidos. Mas, com este cuidado, não podia a Academia descuidar de sua saúde financeira...

A despeito de todas as precauções tomadas pela Academia, para seu bom funcionamento e no zelo por seus integrantes, estes e aquela não estavam imunes às transformações sociais por que passava, e continua passando o País e, em especial, São Paulo.

A partir de certo momento, a cidade se viu avassalada pela violência, em várias de suas múltiplas exteriorizações. Além de ataques a transeuntes, com emprego de força física e de armas, os abusos se estendiam à invasão de domicílios.

O acadêmico Pacheco e Silva foi uma das vítimas desse comportamento delituoso que, lamentavelmente, por falta de uma política que lhe elimine as causas, se agrava dia a dia. Teve ele a residência invadida e assaltada[71].

Ainda que sem temer que episódio de tal natureza afetasse o edifício da Academia, mas, procurando evitar que ele fosse atingido pela deteriorização do centro da cidade, entendeu-se oportuno garantir-lhe a segurança.

Com tal propósito, o Presidente Marins "fala da necessidade de se proteger com uma grade a porta principal da Academia que, como outras entradas de edifícios do centro desta cidade, ameaça tornar-se ponto de reunião e pernoite de desocupados". E providencia a obtenção de orçamentos para a execução do serviço[72].

Recebidas as estimativas de custo e inteirado delas o plenário, há manifestações de acadêmicos. Soares Amora "adverte para a necessidade de atender-se à compatibilização com o estilo do edifício", propondo a consulta a um arquiteto. Lygia Fagundes Telles, "invocando Guilherme de Almeida, sugere sejam treze as lanças a comporem a grade em projeto"[73].

Proteção maior, ia tornar-se cada vez mais imperiosa. Os movimentos coletivos, espalhando-se por toda região central, acabaram atingindo o Largo do Arouche, perturbando os trabalhos da Academia, obrigando, certa feita, a suspensão dos trabalhos [74].

Diante dos assuntos expostos, há de se julgar que a vida acadêmica seja toda ela caracterizada pela harmonia entre seus integrantes. De fato, na maioria das vezes, assim tem sido.

No entanto, os Anais da Casa registram um incidente que pôs em risco o convívio cordial.

Numa das sessões, o acadêmico Lycurgo de Castro Santos Filho dá conhecimento a seus pares de entrevista concedida, ao **Diário de São Paulo**, pelo acadêmico Afrânio do Amaral, reputada ofensiva à Academia, e, na qual, desconsiderava seus confrades "Miguel Reale, Alfredo Buzaid e Lucas Nogueira Garcez, citando-os nominalmente". Lycurgo apela, então, ao entrevistado que "reconsiderasse aquela sua atitude, caso contrário retirar-se-ia do plenário". Desacolhida a sugestão, retira-se, "acompanhado por diversos acadêmicos". Honório de Sylos insiste na retratação e Miguel Reale, um dos atingidos, afirma que, "tendo sido pública a ofensa, também pública deverá ser a retratação".

Afrânio do Amaral, com a palavra, deixou de "referir-se à comunicação feita por Lycurgo de Castro Santos Filho" [75].

De outra feita, Afrânio inicia uma exposição. Lycurgo, invocando as razões anteriormente expostas, abandona a sessão, "acompanhado de outros acadêmicos" [76].

O incidente teve desfecho satisfatório, encerrando-se o protesto de forma simbólica. Antes disso, porém,

> *"O acadêmico Lycurgo de Castro Santos Filho pede se consigne em ata sua decisão de ausentar-se do plenário sempre que dada a palavra ao acadêmico Afrânio do Amaral, por motivo já do conhecimento dos seus confrades e constantes dos registros oficiais".*

Diante dessa resolução, o Presidente interfere e roga ao autor da **História Geral da Medicina Brasileira** que

> *"não prive de sua companhia aqueles para os quais ela se tornou imprescindível e, mais, a bem do convívio acadêmico, queira considerar apenas simbólica a sua ausência à presente sessão e, a partir dela, encerrado o incidente".*

Com elevação, Lycurgo acolhe ambas as sugestões, voltando à normalidade as reuniões acadêmicas [77].

ATIVIDADES CULTURAIS

Ao encerrar o extensíssimo Relatório lido na sessão Inaugural da Academia Paulista de Letras, definiu seu idealizador e primeiro Secretário-Geral os objetivos da Entidade. **Pro litteris scientiisque laboramus** [78].

Assim, desde seus albores, a Academia deve esmerar-se na realização de atividades culturais. Tarefa esta em que se têm empenhado todas as Diretorias. O ano social, de fevereiro a dezembro, deve ser coberto, na medida do possível, com atividades desse gênero.

Companhia de intelectuais, de variegadas tendências, aparenta-se fácil a concretização desses objetivos. Razões diversas obstam participações valiosas e sempre esperadas. Compromissos anteriormente assumidos, trabalhos outros em execução, moléstias, viagens programadas, entre outras legítimas invocações, embaraçam a tarefa de elaboração do programa atual, a cargo do Secretário-Geral.

Embaraços dessa natureza têm-se feito sentir através dos tempos.

Em 1982, ao principiarem-se as reuniões acadêmicas, o titular do cargo, Brasil Bandecchi, apresentava, "em caráter preliminar, sujeito a alterações o programa das atividades da Academia Paulista de Letras para os meses de março e abril do corrente ano, bem como, em linhas gerais, o programa cultural que se estenderá até o final deste" [79]. No ano seguinte, o mesmo Diretor, manifesta-se sobre duas de suas preocupações, neste terreno. A dinamização das atividades culturais da Casa e a preservação de seus arquivos, cuja organização urgia. Entre as sugestões apresentadas, figurava a da realização de exposições do acervo.

De outro lado, no intuito de dinamizar a área das atividades culturais, já existia a Comissão Especial de Cursos e Conferências. É a ela que Francisco Marins encaminha, para o exame de sua viabilidade, proposta de Miguel Reale, no sentido da

> *"realização pela Academia de cursos sobre a história das Idéias, assunto que situa entre outros fundamentais da cultura contemporânea: história das idéias filosóficas, literárias, estéticas, históricas, econômicas, arquitetônicas, e assim por diante, panorama imenso a ser apreciado, para o que seriam convidados senhores acadêmicos e outros especialistas, nos diversos setores da cultura. Um volume enfeixaria as diversas contribuições"* [80].

A idéia encontrava eco, no seio da Diretoria, levando o Presidente, tempos depois, a apelar para Reale no sentido de "que volte a considerar a realização do curso de alto nível pela Academia conforme propusera no exercício anterior" [81].

Se os cursos não puderam ser implantados, em compensação, os concursos, sob o patrocínio da Casa, tiveram seguimento.

Moção firmada por 21 acadêmicos pleiteia a instituição de concurso tendo por tema o Romance Paulista nos Últimos Setenta Anos, como parte das comemorações do setuagésimo aniversário da Academia"[82].

Meses decorridos, o plenário decide dar "a conhecer o parecer da Comissão Julgadora (de) que não concederá premiação a nenhum dos concorrentes e, a seguir, reabrirá o concurso com prazo mais dilatado"[83].

Na segunda oportunidade, inscreveram-se quatro candidatos. Ao ser proclamado o resultado - em fins de 1981, dois anos após a celebração do 70.º aniversário -, dois dos concorrentes foram desclassificados, cabendo o primeiro lugar a Zélia Ladeira Veras de Almeida Cardoso e o segundo a Antonio Barreto do Amaral. E os prêmios consistiram, respectivamente, em 120.000 cruzeiros em dinheiro e em menção honrosa[84]. O trabalho de Zélia seria publicado pela Academia.

A iniciativa, nesta área, ganhou fôlego. Honório de Sylos propôs a instituição de três concursos. **Prêmio Monteiro Lobato** (contos, romances e biografias) **Prêmio Amadeu Amaral** (poesia) e **Prêmio Cláudio de Souza** (Teatro)[85].

Ernani Silva Bruno, baseado em dispositivo do Regimento Interno, lembra a prática da Academia na realização de concursos literários, no período de 1939-1981, e ressalta que se devem a eles, "em parte, a consagração ou a consolidação do prestígio literário de escritores como Origines Lessa, Diná Silveira de Queirós, Miroel Silveira, Ondina Ferreira, Leão Machado, Maria de Lourdes Teixeira, Antonio Cândido e outros". E conclui indagando se

> *"Não seria interessante que a Academia - se puder contar com a cobertura financeira de um patrocinador - restabelecesse - talvez em novas bases - seus concursos literários e assegurasse a sua continuidade?"*

A indicação do Historiador levou outros acadêmicos a abordar o assunto. E vêm à baila o **Prêmio Alcantara Machado** e o **Prêmio Cláudio de Souza**, assim como a oficialização de outros prêmios mais recentes. Na seqüência, o Presidente relembra a possibilidade de a própria Academia incumbir-se da "outorga de prêmio em dinheiro, tendo em vista o próximo aumento de aluguel do prédio locado à Secretaria da Educação"[86].

Surgem, então, sugestões sobre o restabelecimento dos concursos, levando o Presidente a nomear comissão destinada a elaborar parecer a respeito[87]. Pouco depois, é criado o **Prêmio Monteiro Lobato**, cujo edital é objeto de análise e aprovação pelo plenário[88].

As atividades culturais da Academia expandiram-se, também, em outros setores.

O saguão monumental do edifício - sede acolheu exposições, que, a um tempo, abriam a Casa ao grande público e davam àquele recinto um aproveitamento adequado às finalidades da Instituição.

Preocupado com o desenvolvimento das atividades culturais, Lycurgo de Castro Santos Filho, na Presidência, "sugere a realização de exposições periódicas (mês a mês), por exemplo) daquilo que já pertence ao acervo da Casa ou do que vier a ser oferecido"[89].

A 20 de junho de 85, é inaugurada a Exposição de Documentos da Torre do Tombo, de Lisboa, intitulada **Portugal - Dez Séculos de História,** com a colaboração do Consulado Geral desse país[90].

Alguns meses depois, é aberta a exposição **Euclides da Cunha na Amazônia**, em associação com o Centro Cultural Francisco Matarazzo Sobrinho e com o Instituto Histórico e Geográfico de Manaus. Dizia respeito à participação do autor de **Os Sertões** na Comissão do Alto Purus, durante a demarcação dos limites, em decorrência do Tratado de Petrópolis, pelo qual o Brasil incorporou o Território do Acre.

Cogitou a Academia da realização, no Salão Nobre, de uma exposição relativa a Guimarães Rosa, com material pertencente ao Instituto de Estudos Brasileiros, então sob a direção de Myriam Ellis. O projeto não se concretizou, dado o vulto das despesas com o seguro dos objetos a serem expostos. A idéia, frustrada, limitou-se a uma reunião especial, restrita aos membros da Casa, quando os acadêmicos tiveram "ocasião de conhecer o acervo" do escritor mineiro[91].

O vestíbulo da Academia foi palco, também, do lançamento de livros. Sugestão de Geraldo Pinto Rodrigues, previa a instituição da nova praxe, circunscrita a livros dos acadêmicos[92]. E a inauguração dessa atividade se deu com o lançamento a 9 de dezembro de 82, do livro **Os dias soluçantes**, de autoria do próprio Geraldo[93].

Houve, no período em exame, também a participação direta de acadêmicos e de intelectuais convidados, no desenvolvimento das atividades culturais, proferindo palestras e conferências. Dilatado demais o rol desses pronunciamentos. Merecem referência os autores ilustres dessas preleções.

Miguel Reale discorreu sobre o "Centenário de **Memórias Póstumas de Brás Cubas**", dando início à série. Soares Amora dissertou sobre "A Poesia de Álvares de Azevedo". A respeito deste nume tutelar das Arcadas e da Cadeira número 9, falaram, também, Nogueira Moutinho ("A Correspondência de Álvares de Azevedo"), Antônio Cândido ("A Prosa na Obra de Álvares de Azevedo") e Oliveira Ribeiro Neto ("Álvares de Azevedo discípulo de Byron").

Nogueira Moutinho explanou, ainda, sobre "O Bimilenário de Virgílio" e "O Lirismo Amoroso na Obra de Carlos Drummond de Andrade". Oliveira Ribeiro Neto, igualmente, desenvolveu os temas "Camões e os **Lusíadas**", "São Francisco de Assis na História e na Arte", "Autógrafos Literários com a Doação à Academia de Grande Coleção", "Dois Gênios de Nossa Língua; Camões e Fernando Pessoa", além de ministrar o concorrido Curso de Literatura Portuguesa (1984). No ano seguinte, Soares Amora organiza o Curso de Literatura Brasileira.

Alcântara Silveira dedica-se, em especial, a explanações sobre a literatura e autores franceses, mas não deixa de voltar-se para temas nacionais, como "Um esquecido: Mário Alencar (1872-1925)" e "A Caminho do Centenário de Manuel Bandeira", da mesma forma que presta um depoimento, em "Memórias de um Freqüentador de Sebos", erudita e jocosa crônica sobre livros, dedicatórias, encadernações, grifos e anotações, constantes dos volumes encontrados nos alfarrabistas, que o vol. 105 da Revista agasalhou.

Geraldo Pinto Rodrigues versou sobre "A Geração de 45 na Poesia Brasileira", "O Mundo Sobrevivente de Cassiano" e "A Poesia de Lupe Cotrim Garaude".

Odilon Nogueira de Matos desenvolveu dois temas de sua predileção, a música e a História: "Santa Cecília e a Música" e "O Regente Diogo Feijó".

O Centenário de nascimento de Júlio Prestes, o último Chefe da Nação eleito na República Velha, mereceu a atenção de Honório de Sylos em "Júlio Prestes, Estadista e Intelectual". A comemoração alusiva contou, apoiada pela Academia e por outras entidades culturais paulistas, com uma conferência proferida, no grande Auditório, por Célio Debes, intitulada "A Trajetória de Júlio Prestes de Albuquerque", no dia mesmo em que transcorria a efeméride.

Outros acadêmicos fizeram-se ouvir. Lycurgo de Castro Santos Filho ("Aspectos Interessantes da História da Medicina no Brasil"), Osmar Pimentel ("O Romance Paulista neste Século"), Pacheco e Silva ("Luiz Pereira Barreto" e "O Centenário de Ernesto de Souza Campos"), Leite Cordeiro ("O Poeta Cruz e Souza" e "Um Poeta Brasileiro em terras de Simon Bolivar"), Maria de Lourdes Teixeira ("José Geraldo Vieira, cinco anos depois" e "Lou Andreas Salomé - Intelectual e Mulher"), Pedro Ferraz do Amaral ("Monteiro Lobato e seu Tempo" e "Amadeu Amaral"), Ernani Silva Bruno ("Godofredo Rangel - Um Clássico Fora de Moda"), João de Scantimburgo ("Pandiá Calógeras" e "O Café na História de São Paulo").

Além dos da Casa, falaram, devidamente convidados, sem contar os já citados, Moisés Gicovate, Nilo Scalzo, Antônio D'Avila, José Pedro Galvão de Souza, Cassiano Nunes, Helena Silveira, Homero Silveira, Jessy Santos, todos nomes consagrados da intelectualidade brasileira, que abordaram assuntos relevantes.

Ainda no tocante às atividades culturais, há que se assinalar os convênios firmados pela Academia com o Governo do Estado. Se Fernando Costa recebeu o título de "Amigo da Cultura", por haver doado o terreno para a construção do prédio-sede, ao Governador Paulo Egídio Martins cabe, igualmente o título de

Benemérito. Contando com a colaboração de vários acadêmicos entre seus colaboradores, como Péricles Eugênio da Silva Ramos, Arrobas Martins, Fernando Góes, Hernani Donato, pôde sentir a importância da Academia. E a apoiou, firmando com ela convênios que permitiram, através do Conselho Estadual de Cultura, a publicação de números da Revista e de vários volumes da coleção Biblioteca Academia Paulista de Letras.

O início do período que estudamos coincide com o término de um dos convênios, prometendo a Diretoria diligenciar junto ao Governo sua renovação[94]. A dotação, ânua, exigirá renovação a cada doze meses. Em 1980, inaugurava-se nova Administração no Estado, que não deixou de contar com a colaboração da Academia, por intermédio de um de seus membros, o acadêmico João de Scantimburgo. A ele apelou a Casa, para a celebração do novo convênio[95]. Com o feliz desfecho, a Academia recebeu um auxílio de 900.000 cruzeiros[96]. O montante, aparentemente vultoso, na verdade, diante da inflação que dominava o País, tinha poder aquisitivo bastante limitado, lembrando-se, inclusive de que a moeda sofrera, pelo menos, uma desvalorização, que lhe subtraíra três zeros...

Assinale-se que, no ano seguinte, aguardava-se a assinatura de novo ajuste, no valor de um milhão e meio de cruzeiros, oportunidade em que orçava em 400.000 cruzeiros a edição de um número da Revista[97]! Para 1982, a Academia tinha em mira formalizar dois convênios, no valor de 500.000 cada um, para as comemorações do cinqüentenário da Revolução de 32 e outro para a edição de um número da Revista, segundo anunciava o acadêmico Hernani Donato, presidente da Comissão de Literatura, da Secretaria Estadual de Cultura[98].

Graças à celebração de ajustes dessa natureza, pode a Casa rejubilar-se com a edição de duas publicações. O número 99 da Revista e o Anuário 71 Anos[99]. Na pendência da entrega do numerário vinculado a convênios, a Academia, a suas expensas, deu a lume o 100º volume da Revista, ao custo de 588.278 cruzeiros[100]!

Os convênios não se limitavam, em seus objetivos, à publicação de livros e da Revisa. Houve um, firmado com a Comissão de Literatura, visando à "realização de um ciclo de conferências sobre temas de literatura brasileira, com especial enfoque da literatura paulista, dentro da específica orientação geral: o esplendor, a riqueza e permanência da língua portuguesa, sua unidade e universalidade"[101].

Os convênios, com órgãos oficiais ou privados, têm sido, sempre, o sustentáculo das atividades culturais, despidas de fins lucrativos.

A Academia se destacava, também, através da atividade intelectual de seus integrantes, fora de suas lindes.

Um poema de Geraldo Pinto Rodrigues, composto após conferência em cidade da Alta Paulista, nela inspirado, sob o título "Canto em Louvor de Tupã", motivou requerimento de um voto de congratulações ao autor, formulado na Assembléia Legislativa, com transcrição, na proposta, dos versos, proposta essa estampada no Diário Oficial do Estado[102].

A publicação, por João de Scantimburgo, na Coleção **Paulística**, constituindo seu volume XXI, de **Os Paulistas**, ensejou manifestação de júbilo de Paulo Bonfim. Ressaltou o Príncipe dos Poetas Brasileiros tratar-se de

> *''livro que é mais um passo da epopéia paulista. São quatrocentas e vinte páginas de dedicação e de devoção à causa de Piratininga. Sem o Bandeirismo e sem o Império o Brasil seria apenas uma ou várias repúblicas a mais na conturbada América Latina. De nada valeria a nossa língua portuguesa se não houvesse o paulista para dar nova geografia a esse idioma e o Império para transformar essa geografia em uma Pátria"!*

Agradecendo as palavras de seu confrade, Scantimburgo declara ser **Os Paulistas** "uma obra na qual pus todo o amor que devemos ter por São Paulo. Brasileiro de primeira geração, de pai e mãe, tenho o sentimento paulista como os que mais o sejam, descendentes dos primeiros povoadores que aqui entraram. É uma obra na qual procuro fazer justiça ao bandeirismo, epopéia única no mundo, e a tudo aquilo que os paulistas fizeram" [103].

Do mesmo modo, a Academia se exalçava, exaltando os feitos e as homenagens que seus integrantes realizavam e recebiam. Os títulos de Professores Eméritos (Miguel Reale e Soares Amora), de Cidadão Emérito (Francisco Marins); as Condecorações (Miguel Reale e Pacheco e Silva); as Premiações (Menotti Del Picchia e Péricles Eugênio da Silva Ramos); as Distinções concedidas por entidades culturais (Ernani Silva Bruno, Miguel Reale, Lygia Fagundes Telles, Odilon Nogueira de Matos, Geraldo Pinto Rodrigues, Lycurgo de Castro Santos Filho, Tito Lívio Ferreira, Mário Graciotti), todos esses feitos mereceram registro nos Anais da Casa.

A LÍNGUA PORTUGUESA

Nunca é demais relembrar que a Academia insculpiu, no artigo primeiro de seu Estatuto, que sua finalidade precípua consiste na "cultura da língua e da literatura nacional".

No período em exame, a **Língua Portuguesa** foi objeto de tratamentro preferencial, na área das atividades culturais.

Coube a Francisco Marins agitar a matéria, quando

> *"Levantou, a título de curiosidade, a ser justificado pelos doutos, a inexistência, pelo menos quanto ao meu conhecimento, de documento oficial designativo do português como língua nacional"* [104].

A curiosidade, insatisfeita, na ocasião, por impossibilidade material, seria, tempos depois, saciada por Miguel Reale. Comunicava o ilustre Professor que, em reunião do Instituto Nacional de Pesquisas Educacionais, quando se discutia "o problema de educação e da cultura no processo constitucional brasileiro", propusera a inclusão, na Constituição a ser elaborada, "de maneira expressa, que o português é a língua oficial da República Federativa do Brasil" [105].

Mas, enquanto não se formalizava, em ato oficial, qual o vernáculo em que se expressa o brasileiro, a Academia se voltava ao estudo, à defesa e à preservação do idioma português.

É ainda Marins quem se insurge contra as "agressões à língua portuguesa encontradas em certos textos publicitários, mormente em cartazes espalhados pela cidade". Ressalta os efeitos nefastos que tais anomalias acarretam à população, principalmente às camadas menos instruidas, aos estudantes e aos jovens em geral. A matéria enseja outras manifestações. Tito Lívio Ferreira intervém, afirmando que se atravessava "uma época de decadência e degradação da língua e da linguagem". Soares Amora, embora reconhecendo a ocorrência de deslizes por parte de publicitários, enaltece a contribuição de vários deles e propõe à Academia "trazer para junto de si, não durante as sessões, mas em ocasião a propósito, os publicitários, que desenvolvem ação inegavelmente inteligente e positiva em favor da língua". Fernando Góes assinala o dever da Academia de se tornar, como dizia Osório Duque Estrada, "guarda civil da língua portuguesa", e, ao mesmo tempo em que consigna o desserviço prestado por autores modernos e falsos modernos, lembra a existência de "autores muito conceituados do passado que têm páginas verdadeiramente enigmáticas, que se assemelham a difíceis charadas, confusas e incompreensíveis".

Culmina, concitando seus pares: "Cultivemos a língua em nossos escritos, é o que devemos fazer ante o espetáculo generalizado daqueles que escrevem e nada dizem, ou escrevem e dizem mal."

O debate sobre o tema se alonga.

Paulo Bonfim e Lycurgo de Castro Santos Filho pronunciam-se. Aquele destaca o valor de escritores novos que menciona, e este sugere que a Casa não tome partido na controvérsia e que imite o poeta, que dizia "olhar e ir adiante".

Amora, voltando à carga, "lembra que a História é toda pontilhada pelas lutas entre tradicionalistas e modernistas", constituindo problema permanente, pelo que "vê com estranheza a participação cultural da Academia no debate dessas questões, em seus cursos e conferências".

Miguel Reale refere-se a casos de que se ocupou a Academia Brasileira de Letras. Um deles relacionado com "a unidade da língua portuguesa: língua portuguesa ou língua portuguesa falada no Brasil?" Outro referente aos termos técnicos e aos estrangeirismos de uso comum: "Manter-se na forma original? Abrasileirar-se?" Entende ser "difícil e problemático qualquer ato acadêmico, como de qualquer outra instituição no sentido de obter a correção da linguagem na publicidade e na literatura infantil atual. Vê a solução num trabalho contínuo e persistente de penetração cultural". [106].

Em outra oportunidade, Paulo Bonfim traz à colação artigo de Napoleão Mendes de Almeida, em que este gramático assinala que, na Presidência de Washington Luís, verificou-se "a proibição oficial de emprego de estrangeirismos em razões comerciais, em placas, em anúncios". Não se tratava de passadismo, distante coisa de quarenta anos. Havia pouco, cerca de três anos decorridos, a França punha em vigor lei, num "novo esforço de eliminar os exemplos mais evidentes de degradação do vernáculo", pela qual instituia "a proibição do emprego de palavras estrangeiras em anúncios, em contratos comerciais, nos programas de televisão e de rádio e em outros veículos de propaganda" [107].

A defesa do idioma, nos países lusófonos, é trazida ao conhecimento de seus pares pelo acadêmico Pedro Ferraz do Amaral. Cita artigo de Epitácio Torres, "O futuro da língua portuguesa em África", em que informa que nas "escolas primárias de Luanda se instituiu o ensino do espanhol aos alunos - a título experimental, dizem com o objetivo manifesto de facilitar **a los conquistadores cubanos**"! Manifesta a esperança de que o governo brasileiro, pelos canais internacionais, faça valer sua voz no cenário dos países de fala portuguesa, dado que, nas palavras de Josué Montello, "o Brasil, por sua população de língua portuguesa, tem uma posição relevante na condução do equacionamento do problema" [108].

Preocupação esta que permanece presente, vinte anos decorridos, em que os gravames sofridos pelos povos de fala portuguesa em África e na Ásia, para que abdiquem desse idioma, se tem efetivado e crescido, sem que a comunidade internacional se tenha comovido... Vejam-se os casos de Goa e do Timor Leste, por exemplo.

Nota alentadora, quanto à importância da língua portuguesa, é trazida ao plenário por Hernani Donato, ao anunciar o surgimento "da PANA-PAN AFRICA NEWS AGENCY- agência noticiosa criada por quase todas as nações africanas e destinada a emitir noticiário que modifique, através dos diferentes veículos de comunicação, a imagem do Continente Negro. Esta agência terá sua matéria redigida em três línguas: inglês, francês e português. Pela primeira vez, uma agência internacional de notícias tem o português como língua oficial" [109]!

Assunto inesgotável, multifacetado, suscita manifestações sobre outros de seus aspectos. Um artigo de Tito Lívio Ferreira sobre a língua portuguesa, leva Geraldo Pinto Rodrigues a frisar "o perigo existente em nossos dias na tendência de se fazer da língua escrita a reprodução da língua falada. Assim, a língua falada é uma língua livre, mas a língua escrita é uma língua codificada, legislada, objeto de leis a serem respeitadas como outras leis o são".

Na mesma ocasião, Péricles Eugênio da Silva Ramos alude a encontro de professores, realizado no Rio Grande do Sul, em que foi proposta "uma reforma ortográfica para a língua brasileira (em contraposição à língua falada em Portugal)"[110].

A tendência de se estabelecer uma **língua brasileira**, chegou ao extremo de se cogitar de uma gramática própria. Afrânio Zuccolotto, a propósito de tentativa nesse sentido, baseada no falar do povo - para a qual, logicamente, "seria desnecessária a gramática" - bem como da idéia de se unificar a gramática portuguesa, diante de suposta divergência com as regras lingüísticas observadas entre nós, "afirma a inexistência de discrepâncias entre os grandes gramáticos. Pelo contrário, (...) verifica-se espontânea unidade".

E, respondendo a indagação de Maria de Lourdes Teixeira, sobre "a língua neológica de Mário de Andrade", manifesta sua convicção "de que esta não é a linguagem padrão. É, sim, uma obra de arte a ser admirada como tal, e não como linguagem padrão"[111].

O interesse por essa matéria, conduz a outras considerações de elevada importância cultural.

Péricles da Silva Ramos disserta sobre as diferenças fonéticas entre o latim imperial e o popular, e Miguel Reale, na mesma linha, refere-se ao "grego atual cuja forma escrita, encontrada por exemplo em jornais da Grécia, muito se assemelha à do grego clássico, mas cuja pronúncia é totalmente diferente"[112].

O centro do interesse, todavia, é o confronto entre a língua escrita e a língua falada. Péricles, baseando-se no vulto de analfabetos existentes no País, pronuncia-se no sentido de que seria conveniente a simplificação da "ortografia no sentido de cada consoante ter seu próprio valor, um só valor e não muitos". Afrânio Zuccolotto, diante da posição de seu confrade, adverte para "a necessidade de que os problemas lingüísticos e ortográficos sejam tratados e discutidos longa e cuidadosamente". Opina no sentido de que se tomem precauções "para que a distância entre língua falada e língua escrita não se torne grande demais, que o caráter próprio da língua falada não se torne ocasião de abusos e relaxação. Afirma ser necessário que a linguagem popular passe por um filtro constituído pelas pessoas cultas, pelos escritores, pelos oradores, pelos que cultuam a língua, a fonética, a prosódia, a etimologia, a morfologia e a filologia"[113].

Ferrenho defensor de um idioma consistente, firmado em bases sólidas, Zuccolotto, doutra feita, em erudita exposição, estuda o relacionamento entre cultura, linguagem e língua, estabelecendo entre estas duas "uma proporção aristotélica semelhante à existente entre potência e ato". Remontando a Platão (Crátilo) e chegando a Ferdinand Saussure, discorre sobre o desenvolvimento do português "a partir do século XIII, de suas vicissitudes e do seu pobre presente quando, paradoxalmente, se encontra ferida, desfigurada e aviltada como facilmente se constata em nossa imprensa"[114].

Leonardo Arroyo, mais adiante, retoma o tema, para frisar que os temores quanto ao futuro do idioma nacional têm cunho sentimental, passional, antes que científico. Parecem uma prevenção em romper com o passado, "como se o passado fosse a derradeira conquista do homem e o remate definitivo de sua evolução". E, definindo sua posição sobre o assunto, sustenta que "o imobilismo da língua, como o da sociedade é indefensável. A própria História o demonstra. Tudo muda, tudo não é sempre a mesma coisa. Sou - frisa - pela necessária transformação e pela mudança do mundo social em que ele vive. (...) Ao fim e ao cabo, a língua é um fenômeno de sentimento nacional" [115].

Matéria controvertida, enseja nova interferência de Zuccolotto, intransigente em seu ponto de vista. Reconhece que o idioma é mutável, mas, insiste em que a evolução a que está sujeita, não deve ficar "ao sabor de invenções desconexas, disparatadas, de pessoas ignaras, pouco versadas em nossa língua, apedeutas que infestam os meios de comunicação, alheios ao poderio e ao potencial de nossa língua". Na operação, destaca que, no jogo de forças em que a sociedade se debate em busca de equilíbrio, "há forças propulsoras e há forças conservadoras". E, esteiado nos Estatutos, proclama.

> *"Nós, acadêmicos, pertencemos a uma instituição conservadora, que, queiramos ou não, é uma força conservadora"* [116]*!*

Os debates em torno do idioma se estendem por todo o período em exame, o que tornaria mais fastidioso este apanhado sobre a vida acadêmica, se lhe déssemos extensão maior.

No entanto, cabe ainda mencionar alguns aspectos paralelos, que denotam a devoção com que, na Casa, muitos de seus integrantes se interessavam pelo vernáculo.

Com a divulgação da obra de Fernando Pessoa, ganha destaque a "frase gloriosa dos navegantes: **Navegar é preciso, viver não é preciso".** Nogueira Moutinho, a propósito de nota constante de edição de obra do poeta lusitano, empenha-se em buscar suas origens. Conclui que se deve a Plutarco, na **Vida de Pompeu** o enunciado da célebre sentença. Secundam-no, nesse entendimento, Soares Amora e Zuccolotto [(117)].

Este último indica a autoria, ao cuidar do verso que ganhara repercussão, sendo assaz citado, **Não fazem dano as musas aos doutores.** Encontra-se ele na "Carta ao Infante D. Henrique, Regente", nas **Epístolas**, de Antônio Ferreira - poeta, magistrado e professor em Coimbra, contemporâneo do autor de **Os Lusíadas** - neste trecho.

> *"Acostumada a Reais favores,*
> *Não percam em ti a antiga sua valia.*
> ***Não fazem dano as Musas aos Doutores,***
> *Antes ajuda a suas letras dão:*
> *E com elas merecem mais favores,*
> *Que em tudo cabem, para tudo são".*

É, ainda, o acadêmico Afrânio Zuccolotto quem corrige a errônea idéia de que é de Camões a expressão **Agora, Inês é morta.** É de autoria do mesmo Antonio Ferreira e consta de sua tragédia **Castro**. Trata-se do decassílabo "É morta D. Inês, que tanto amavas" [118].

Em oportunidade outra, o que se discute é o emprego do vocábulo **poeta** para designar as cultoras do verso, em lugar de **poetisa**. Participam do debate Lygia Fagundes Telles, Afrânio Zuccolotto, Péricles Eugênio da Silva Ramos e Geraldo Pinto Rodrigues. O resultado vem consignado na Ata.

> *"Verifica o senhor Presidente a inexistência em plenário de voz acadêmica em favor de tal uso. Permaneça, pois, para a Casa,* ***poetisa****, substantivo feminino de* ***poeta*** [119].

O ACERVO ACADÊMICO

Rico o acervo da Academia. Integrado por documentos, obras de arte, livros e objetos outros valiosos.

Um patrimônio desse quilate exigia, e exige, preservação, cuidado constante dos dirigentes da Casa. Esforços que, lamentavelmente, nem sempre são coroados de êxito. O tempo, com seu fluir perene, não tem preferências, devasta tudo e todos, a despeito das cautelas que se adotem...

Ofertas de preciosidades emanavam de acadêmicos, de familiares de antigos integrantes falecidos e de amigos e admiradores que reconheciam na Academia o depositário ideal dos bens doados, transferindo-lhe, em conseqüência, a grande responsabilidade por sua guarda e conservação. Ambas as atitudes - a da entrega e a do recebimento - vêm respingadas com abundância nas Atas. As oferendas foram uma constante, no enriquecimento de seu patrimônio.

Dentre os elementos culturais, avultam as obras de arte. Honório de Sylos propõe, então, a criação da **Pinacoteca** e a dotação de "verba de dois por cento destinada à aquisição de obras artísticas". Sobre este assunto, declara o Presidente que, acolhida a proposta pelo plenário, e o foi, os dois por cento incidiriam sobre o valor dos aluguéis. Estimava-se o montante previsto para tal fim, em 120.000 cruzeiros, para 1980.

A iniciativa, como se observa, envolvia aspecto financeiro. Outros setores, tão importantes, também careciam de aporte especial.

Nogueira Moutinho, preocupado com a aquisição de livros para a Biblioteca, indaga qual a previsão destinada a esse fim. É informado de que, para 79, a dotação fora de 300.000 cruzeiros e que, se fosse necessário, haveria um reforço.

Dando consistência à criação da Pinacoteca, é constituída a respectiva comissão, integrada por Honório de Sylos, Oliveira Ribeiro Neto, Luiz Martins,

João de Scantimburgo e Paulo Bonfim. Este último aventa a hipótese de artistas plásticos fazerem doações de seus trabalhos" [120].

A tônica, na realidade, foi a doação, mas não a de pintores e escultores. O mecenato, nesta área, foi representado, preeminentemente, pelos próprios membros da Corporação.

Das dádivas, a primeira verificada, no período, foi a oferta do retrato de Fernando Góes - obra do artista argentino Henrique Romeo, aqui radicado - feita por Mário Donato [121].

Oliveira Ribeiro Neto destacou-se na prática da liberalidade. Coleção de gravuras de Santos, extraídos de missais do século XVIII [122]; conjunto de gravuras de Jean Théodore Descourtilz, exímio desenhista, falecido em 1854, intitulado Pássaros do Brasil [123], e uma fotografia, de grande valor histórico, feita durante almoço no antigo restaurante da Casa Mappin, em que aparecem os acadêmicos Alcantara Machado, Navarro de Andrade, Artur Mota, Waldomiro Silveira, Altino Arantes, Eugênio Egas, Affonso de Taunay, Otoniel Mota, Rubens do Amaral, Mota Filho, Cassiano Ricardo, Menotti Del Picchia, Guilherme de Almeida, René Thiollier e o próprio Oliveira Ribeiro Neto [124]. A importância desse flagrante reside no fato de constituir uma recordação dos "tempos heróicos" da Academia, quando, sem sede, reuniam-se seus integrantes nesses ágapes, além de terem por secretaria o escritório de Thiollier!

De Ernesto Leme provieram "um quadro a óleo de autoria de João Dutra, representando a cabana onde Euclides da Cunha escreveu **Os Sertões**"; e, de outra feita, dois quadros: "um retratando Ruy Barbosa e um bico de pena de Wasth Rodrigues retratando João Mendes Júnior, ambos com assinatura dos retratados" [125].

Uma série de nove aquarelas, de autoria da antiga professora da Escola de Belas Artes, Nadir Oppromolla, com as efígies dos poetas Gonçalves Dias, Alberto de Oliveira, Álvares de Azevedo, Castro Alves, Vicente de Carvalho, Fagundes Varela, Casemiro de Abreu, Olavo Bilac e Raimundo Corrêa, é oferecida pela sra. Guiomar Franco Oppromolla. Na oportunidade do recebimento, a Comissão de Pinacoteca deliberou que os quadros "ficarão na galeria do terceiro andar (Biblioteca nova)". Os trabalhos mereceram apreciação de parte de Ribeiro Neto; observação de Geraldo Pinto Rodrigues sobre seu valor artístico e a impressão positiva que despertaram; tendo Leonardo Arroyo ressaltado "a fidelidade documental da artista, refletida nos quadros mencionados" [126].

A fotografia em que aparecem os poetas-acadêmicos Menotti Del Picchia, Cassiano Ricardo, Guilherme de Almeida e Paulo Bonfim, que até há pouco, ornamentava uma das paredes do salão de chá, foi uma oferta do fotógrafo Nelson Toeldi, que fixou o grupo, na solenidade em que se atribuiu, ao Museu de Arte de São Paulo, o nome de Assis Chateaubriand, a 9 de abril de 1969 [127].

Carlos Alberto Nunes enriqueceu o acervo ofertando "preciosa cabeça de Homero, em bronze", destinada a figurar junto à **Homeriana;** na mesma oportunidade, Nunes sugere a aquisição de um busto de Camões, a ser colocado ao lado da **Camoniana**[128].

Oliveira Ribeiro Neto, dando seqüência a seu propósito de transferir para o patrimônio da Academia peças de sua coleção, faz entrega de algumas fotografias importantes para a História acadêmica. Entre elas a de sua posse, em 1935, em que aparecem vários membros da Casa, como o Presidente Alcantara Machado; a oficial de Menotti Del Picchia, com o fardão da Academia Brasileira de Letras, e outra em que o autor de **Juca Mulato** "aparece aos vinte anos, com cabelos compridos, antecipando a moda **hippie**"[129].

Outras ofertas se efetivaram, como a fotografia de D. Olívia Guedes Penteado, feita em 1930, dádiva de Orôncio Vaz de Arruda Filho[130].

Nota importante, a que poderíamos denominar **arquivo fotográfico**, é a contribuição que, de tempo em tempo, a própria Academia se proporciona, providenciando a feitura de fotografia coletiva de seus membros. Não se trata de mero registro iconográfico, mas, e principalmente, da fixação em determinado momento, da composição da Casa de J. J. de Carvalho[131].

A idéia da permanência da Comissão de Pinacoteca não logrou êxito. No entanto, as peças que arrecadou e as que se lhe acresceram, vêm engrandecendo o patrimônio acadêmico.

Peça valiosíssima desse cervo é a tapeçaria **Aubusson**, cuja conservação foi objeto de cuidados da Diretoria. Integrante do conjunto recebido por dádiva do acadêmico Cláudio de Sousa, o Presidente Lycurgo de Castro Santos Filho informava, pesaroso, o estado em que essas obras de arte se encontravam. "A um exame mais detido, verificou-se comprometimento muito sério das preciosas peças devido ao esgarçamento provocado por travessões de madeira presos às bordas inferiores". E complementava, esclarecendo que "já dois peritos foram consultados e duas soluções são estudadas, ambas com boa margem de inconvenientes: a retirada dos travessões e a fixação da tapeçaria, pela aplicação de adesivos, a um outro tecido". A opção foi adiada, aguardando-se a opinião de mais dois especialistas[132].

Este exemplo ressalta a necessidade imperiosa da permanente vigilância que deve cercar o acervo cultural da Academia.

A BIBLIOTECA

Um dos setores vitais de qualquer instituição cultural, em particular nas Academias de Letras, a Biblioteca deve merecer atenção especial e, sempre que possível, ter atualizado seu fundo bibliográfico.

Nem sempre, porém, é possível dar às bibliotecas dessas entidades condições de funcionalidade. Ausência de pessoal especializado, exigüidade de espaço, carência de estantes, falta de verbas, e tantos outros óbices conhecidos.

A certa altura, o saudoso Soares Amora dá o brado de alerta. Adverte sobre o risco da

> *"gradual transformação da Biblioteca em depósito de livros a ela indiscriminadamente anexados, situação que torna necessária uma triagem, dadas a exigüidade de espaço e as características de uma biblioteca de Academia de Letras"* [133].

A Casa, porém, não descuidava da matéria. Leonardo Arroyo vinha trabalhando na elaboração de um **regulamento para a Biblioteca**. Apresentado ao plenário, mereceu um substitutivo oferecido por Afrânio Zuccolotto, que prevaleceu, com o apoio do próprio autor do projeto. Sugestões foram apresentadas, exigindo de Zuccolotto estudo para a adoção das que fossem cabíveis, adiando a redação final [134]. Leonardo Arroyo e Soares Amora, além do Presidente, aliás, já se haviam manifestado sobre a necessidade da adoção de "novas praxes burocráticas pelos responsáveis pelos diversos setores da Biblioteca" [135].

Por outro lado, grande passo é dado, ao se lograr o registro da Biblioteca no Instituto Nacional do Livro e no Conselho Regional de Biblioteconomia, sob a denominação oficial de **Biblioteca Embaixador José Carlos de Macedo Soares da Academia Paulista de Letras** [136].

Formalizada a existência da Biblioteca, a Academia aprovou o Regulamento disciplinar de seu funcionamento, estampado na **Revista** 104 (p. 157-158).

Na seqüência das medidas para que a Biblioteca ganhasse operosidade, contrata-se nova bibliotecária-chefe e se anuncia a eventual publicação do catálogo das obras que a compõem [(137)]. Esta tarefa mereceu desabafo de seu fautor. Leonardo Arroyo, em carta a Paula Pereira dos Reis, então Presidente da Academia Paulista de Histórica, faz incidental referência ao encargo de que procurava desvencilhar-se.

> *"Estou sem nenhuma atividade social, pois me meti a fazer o catálogo da livraria da Academia Paulista de Letras. Está bem adiantado, mas é trabalho de negro escravo há mais de um ano, procurando ordenar a desordem caótica da livraria. Basta dizer que ninguém sabia o que havia lá dentro. Há muita coisa rara e espetacular, mas, em compensação, há um verdadeiro entulho de porcaria, principalmente de livros de poesia. Tão logo o termine retomarei minhas atividades sociais, ou melhor, socioculturais"* [138].

O autor de **Igrejas de São Paulo** apaixonara-se pela Biblioteca, a ponto de doar-lhe todos os seus livros. E o plenário, em sinal de gratidão, atribui ao acervo do doador seu nome - **Biblioteca Leonardo Arroyo** [139].

Outros acréscimos vieram valorizar a livraria da Casa. Obras que pertenceram a Carlos Ferreira, a Raymundo de Menezes (8.000 volumes) [(140)], além de volumes avulsos, importantes. Uma tradução latina de **Os Lusiadas**, de autoria do dominicano Frei Clemente de Oliveira, do Convento de Braga [141], por exemplo.

Pedro Ferraz do Amaral, numa colaboração a outro empreendimento da Academia, "envia à mesa um exemplar da primeira edição de **A Mocidade de Trajano**, publicada em 1871, pelo Visconde de Taunay, sob o pseudônimo de Silvio Dinarte. O precioso exemplar lhe foi cedido pelo Dr. Augusto Taunay, neto do Autor e filho do Dr. Afonso d'Escragnolle Taunay. Trata-se de um volume em que este último escritor fez inúmeras emendas e até mesmo cortes, o qual o ofertante considera poder constituir valioso subsídio para a reedição que a Academia promoverá" [142].

No âmago da Biblioteca, era indispensável que as obras dos acadêmicos estivessem reunidas. Se possível a produção integral. Com este intento, criou-se a **Estante Acadêmica**. A certa altura, verificou-se a conveniência de proceder-se ao levantamento e ao registro de seu conteúdo. Efetivada a providência, dá-se conhecimento ao plenário

> *"do índice da Estante Acadêmica fruto da dedicada colaboração do acadêmico Carlos Alberto Nunes, onde estão relacionados os livros, existentes na Academia, escritos pelos ocupantes das quarenta cadeiras e por seus patronos desde a fundação".*

O Presidente Francisco Marins apela para seus pares "no sentido de que visitem a Estante Acadêmica, no 3º andar, e verifiquem os livros existentes, completando as lacunas e, especialmente, entregando os seus próprios trabalhos. (...) Aduz que os atuais titulares são responsáveis pelo enriquecimento da Estante Acadêmica também no que se refere a seus antecessores, eis que algumas das bibliografias constantes do Índice da Estante Acadêmica fazem-se notar pelo diminuto número de obras que registram, outras por nada, realmente, apresentarem quanto a inúmeros ex-titulares" [143].

O empenho em preencher os claros da **Estante** levou o incansável Carlos Alberto Nunes a minutar carta a ser dirigida aos titulares e às famílias dos acadêmicos falecidos, pedindo a doação de obras das respectivas autorias [144].

A criação e a manutenção dessa seção, no seio da Biblioteca, constituiu iniciativa de alto merecimento. Representa uma forma de preservar, não só a memória de seus integrantes, mas, igualmente, a da própria Academia. Pelo teor e pela importância desses trabalhos é possível, por exemplo, estimar o critério de que se valeu a Casa para a escolha, nas sucessões havidas, de seus novos componentes.

O ARQUIVO

Para maior conhecimento dos fastos acadêmicos, além das Atas, dos discursos de posse e de recepção, da produção intelectual de seus integrantes, tornava-se indispensável a organização do arquivo de sua documentação. Como se viu, Marins anunciou, entre as Comissões Especiais, a de Arquivo e Documentário.

Lycurgo de Castro Santos Filho doa à Academia e efetiva a tradição de "um conjunto de plantas e dados necessários à constituição de arquivo especial para a iconografia e documentação importante". Marins, ao agradecer o gesto, reitera a intenção da Diretoria a que preside "de criar uma sala onde documentos preciosos, literários e culturais, da Academia, possam ser guardados e consultados" [145].

Mas o próprio Lycurgo, mais de três anos decorridos, ao iniciar sua gestão na Presidência da Academia, manifesta preocupação "quanto à preservação e organização de seus arquivos" [146]. Tinha intenções arrojadas. "Fala sobre a construção que tem em mente, para a Academia, de arquivo especial, moderno e funcional inspirado naquele existente na Academia Nacional de Medicina. Será estudada sua viabilidade", arremata. E, insistindo em seu propósito, informa sobre as providências em curso, a respeito [147].

O empenho do Presidente em concretizar a idéia levou-o a buscar informações e apoio em órgãos oficiais. Por intermédio de Soares Amora, entra em contato com o diretor do Arquivo do Estado, José Sebastião Witter. A colaboração efetiva veio do Arquivo Nacional, com a cessão de José Gabriel da Costa Pinto, Diretor da Divisão de Pesquisa e Atividades Técnicas, a fim de colaborar na organização do Arquivo da Academia. Sobre o que foi a contribuição desse dedicado e proficiente funcionário do Arquivo Nacional, dá notícia o Presidente. "Da permanência do senhor José Gabriel da Costa Pinto resultou pormenorizado relatório com observações, orientações e sugestões de caráter técnico, (...) a partir do qual serão iniciados os trabalhos de organização definitiva do arquivo" [148].

Inspirado nas indicações do relatório, Lycurgo pôde discorrer "sobre os arquivos da Academia, sua atividade a cargo do responsável pela Biblioteca, o minucioso tombamento dos documentos doados, o fichamento destinado à rápida localização dos mesmos e a preparação de um inventário e de um termo de responsabilidade para que, ao término do mandato da atual diretoria, se passe à futura, em perfeita ordem, o precioso patrimônio a ser preservado" [149].

Incansável neste desiderato, anunciava o Presidente "que será iniciado, em livro próprio, o tombamento dos documentos e manuscritos relativos aos membros desta Casa, passados e atuais. Esses papéis serão conservados em armários da sala Ernesto Leme, onde se encontra a Estante Acadêmica, e o livro para seu registro levará o número 2, já que o Livro de Tombo número 1 destina-se a manuscritos e documentos em geral, conservados nos Arquivos da Academia" [150].

O Arquivo - ou, na versão de Lycurgo, os arquivos - vai-se enriquecendo por doações. Entre os acadêmicos, destaca-se Oliveira Ribeiro Neto. Oferta os originais manuscritos de sua tradução de **Macbeth**, de Shakespeare [151]. Seguem-se coleção de cartas de Margarida Lopes de Almeida, a ele dirigidas durante 40 anos de correspondência, e coleções de programas de espetáculos e de fotografias [152]; autógrafos de vários escritores nacionais e estrangeiros e anotações suas a livros de autores brasileiros e franceses do século XIX, principalmente poetas da Faculdade de Direito [153]; e ainda um exemplar do jornal Pedro II, de 5 de outubro de 1838 [154].

Nesta área, ganham lustre, também, as ofertas feitas por Yan de Almeida Prado, representadas por 5 cartas de Ferdinand Denis, datadas de 1818, e uma de Ernest Renan, de 1871; e, de outra feita, mais uma carta de Denis, 12 cartas inéditas de Auguste Saint Hilaire, cartas de D. Pedro II, da Princesa Isabel e da Condessa de Barral [155].

Leonardo Arroyo alinha-se, também, entre os benfeitores. Entrega para o Arquivo cartas de José Mariano de Camargo Aranha, Paulo Prado, Carlos Drummond de Andrade, Júlio Mesquita, Villa Lobos, Mário de Andrade e Sérgio Milliet" [156].

Obsequiaram, ainda, a Academia com documentos os acadêmicos Pacheco e Silva, João de Scantimburgo, Honório de Sylos, Alcantara Silveira, além de Orôncio Vaz de Arruda Filho, sobrinho de Rafael Correia da Silva, fundador da Cadeira 37 [157].

RELAÇÕES EXTERNAS

As Academias, embora constituam colegiados restritos, não são entidades voltadas para si mesmas, como assinalado. Carecem do contato externo, num trânsito de duas mãos. Têm muito a dar, mas só podem realizar esse intento, se suas existências e suas faces reais forem conhecidas.

Época houve em que a imprensa nacional dedicava espaço às atividades da Academia Paulista de Letras! Fato auspicioso que o Presidente Marins ressaltava, em plenário.

> *"Registra-se o aparecimento, em vários jornais do País, de notícias sobre acontecimentos ligados à vida da Academia"* [158].

Isto acontecia há duas décadas. Hoje, os meios de comunicação não dispõem de tempo e nem de espaço para as atividades culturais, por maior que seja o empenho em se lhes fornecer elementos. Sinais dos tempos...

Antes de se alterarem os critérios de seleção das notícias, a Academia, como se viu, cogitou de criar Comissão Especial de Relações Públicas e

Divulgação[159]. Como outras iniciativas, esta, ao que tudo indica, não se concretizou. Tanto assim é que, diante do silêncio dos jornais sobre o falecimento do acadêmico Nelson Palma Travassos, Pedro Ferraz do Amaral sugeriria, anos depois, "a criação, junto à Secretaria, de um serviço de imprensa"[160]. Mas, a Academia não se imobilizou. Valendo-se dos préstimos do mesmo Pedro Ferraz do Amaral, obtinha, nas **Folhas**, a inserção de notícias a respeito das atividades acadêmicas. Empenhava-se, ainda, no envio "aos demais órgãos de imprensa e aos programas especiais de rádio e TV", de informações da mesma natureza[161].

A Televisão Cultura, pertencente à Fundação Padre Anchieta, da qual era presidente o acadêmico Soares Amora, exibiu, na série "O que é que São Paulo tem", um documentário "sobre a Academia e suas atividades e no qual houve oportunidade de se mostrar ao público algumas das [suas] realizações culturais"[162]. Essa mesma Rádio e Televisão promoveu "programa diário durante uma semana, dedicado à Academia Paulista de Letras, a que também estiverem presentes pessoas [a ela] não pertencentes, por vezes hostis a esta Casa"[163].

Além dessas exteriorizações destinadas ao grande público, a Academia procurou manter intercâmbio com congêneres paulistas e de outros Estados. Com este propósito, anunciava o Presidente "a existência de um projeto de intercâmbio com Academias do interior de São Paulo"[164].

O Silogeu, independentemente de formalização, já vinha colaborando com entidades culturais da interlândia, interessadas em receber visitas de acadêmicos. Ressaltando o fato, Marins destacava que "prova disso é o número de convites que temos recebido para o pronunciamento de conferências e participação em atividades culturais"[165].

A Academia, por si só, não tinha condições de efetivar esse intento. Indagado "sobre o programa de atividades da Academia em cidades do interior paulista", informava o Presidente que, em breve, dar-se-ia a assinatura de convênio com a Secretaria de Cultura, o que permitiria a realização de conferências naquelas localidades[166].

Todos os esforços, no entanto, não renderam os frutos desejados, Marins, certa feita, deu conhecimento ao plenário dos "resultados melancólicos do intercâmbio cultural com entidades do interior paulista, intentado no início de sua gestão e que desestimularam posteriores iniciativas nesse sentido". E, expandindo sua decepção, "lembra a tentativa oficial (...) de fazer correr, em tempos passados, pelo interior de São Paulo, de um **Trem Cultural** que levaria escritores, artistas, folcloristas... o esdrúxulo plano não teve o apoio dos melhores convidados e muito poucas foram as viagens"[167]!

A despeito dos percalços, vários acadêmicos deslocaram-se para várias cidades onde se fizerem ouvir sobre assuntos de suas preferências.

Soares Amora proferiu conferência subordinada ao título "A Linguagem d' **Os Sertões"**, abrindo o Segundo Ciclo de Estudos Euclidianos, realizado em

Jundiaí[168]. Lycurgo de Castro Santos Filho, a convite da Academia Goiana de Letras, desenvolveu o tema "Desterro em Goiás do dr. Sabino Alves da Rocha Vieira, Chefe da Sabinada". Geraldo Pinto Rodrigues discorreu, em Campinas, sobre "A Poesia de Cassiano Ricardo". "Jornalismo e Literatura", assim Honório de Sylos designou a conferência que pronunciou em São João da Boa Vista[169].

Outras formas de exteriorizações foram cogitadas. O restabelecimento da permuta de publicações com universidades norte-americanas e européias, principalmente alemãs, "intercâmbios interrompidos desde o início deste ano (1983) devido ao insuportável encarecimento das tarifas postais"... A retomada dessas relações tornou-se possível, graças ao interesse de "uma firma desta Capital, encarregada por aquelas instituições culturais do fornecimento de publicações para bibliotecas" que, sem ônus para a Academia, remeterá suas publicações às Universidades interessadas[170]. A falta de uma política cultural no País, acarretava e acarreta prejuízos à divulgação da atividade intelectual brasileira!...

Hernani Donato sugere o envio de publicações acadêmicas a uma Universidade não oficial dinamarquesa, "que mantém um curso de literatura brasileira, onde brasileiros são também os professores, o falar e os livros". A proposta tinha em mira favorecer a difusão da cultura brasileira, uma vez que, naquele país escandinavo uma Universidade oficial incluía em seu currículo curso de "literatura e língua de Portugal"[171].

Quanto à realização de cursos e conferências, Marins destacava ser "imprescindível a articulação da Academia com o ambiente universitário", e exorta, "não façam os outros o que a ela compete por excelência"[172].

O Presidente, aliás, contribuiu eficientemente, no sentido de tornar conhecida a Casa de J. J. de Carvalho. No Centro Cultural, que instituiu e instalou, em imóvel de sua propriedade, em Botucatu, há uma "Sala Academia Paulista de Letras" e uma **Estante Acadêmica,** com obras dos integrantes de nossa Confraria.

Os grandes veículos de divulgação da Academia são, sem dúvida, as obras produzidas por seus membros. E, entre elas, as editadas por ela própria.

AS PUBLICAÇÕES

O órgão oficial desta Casa é, notoriamente, a **Revista da Academia Paulista de Letras.** É obra da iniciativa e dedicação de René Thiollier, como sobejamente se sabe. Seu primeiro número, traz estampada a data de 12 de novembro de 1937. Na Crônica, não assinada, com que abrimos o volume 111, tivemos oportunidade de referir os motivos que levaram aquele antigo Secretário-Geral a promover o lançamento dessa publicação.

> *"Vinha o veículo da Academia* ***dizer a São Paulo e ao Brasil, que ela vive e labora; que não é um cenáculo de Pantagruéis e sibaritas.*** *À*

ausência de sede, os acadêmicos reuniam-se em almoços mensais, na antiga Casa Mappim.

As vicissitudes por que passara e passava a Companhia davam a impressão de que a letargia a dominava. A Revista seria o meio pelo qual daria ela mostra cabal de sua vitalidade. E, mais do que isto, da capacidade intelectual de seus integrantes. E isso, porque São Paulo era visto, então, como ***terra de broncos apatacados, que só lêem jornais para saber o preço da rubiácea e como terra de gente prática e laboriosa, mas iletrada, cheirando azinhavre e mais ou menos de inteligência obtusa e imaginação romba"*** [(173)].

Thiollier manteve-se à testa da Revista até o número 57. As razões que o levaram a afastar-se não só de sua direção, assim como da própria Academia, são conhecidas" [174].

Sem a continuidade que lhe imprimira seu fundador, a Revista manteve sua trajetória. Empreendimento de difícil execução, a principiar pela busca de colaboraões, exige, para sua periodicidade, além de outros fatores, como o financeiro, quem se empenhe em sua elaboração. O grande mérito de René, nessa empreitada, é representado por sua pertinácia.

Depois de seu afastamento, a **Revista** continuou a ser editada, ainda que sem a regularidade anterior. Sua aceitação era grande, a ponto de alguns de seus números se terem exaurido. Marins, confirmando este fato, apontava, como esgotados, os volumes 1, 23, 28 e 80. E, por isso, solicitava aos confrades que doassem "à Academia as duplicatas de que possam dispor" [175].

Com o correr do tempo, sofreu ela algumas modificações em sua apresentação gráfica. Nem todas agradaram. Leonardo Arroyo, então seu Diretor, anunciava as inovações introduzidas na Revista, a partir do número 96, editado em 1979. Retornava a capa a ter sua concepção gráfica anterior, "fundo em amarelo e título em vermelho e indicação da matéria à frente".

Francisco Martins, na sessão, historia as modificações por que passara a publicação. Quando, na gestão de Ernesto Leme, ele, Marins, ocupante do cargo de Secretário-Geral, sugerira "a modificação da capa da Revista, por julgá-la algo antiquada em face dos padrões modernos de impressão e também porque, anteriormente, a capa da Revista não obedecera sempre a padrões uniformes". Esclarece, em seguida, que, como Diretor de Publicações, na presidência Leite Cordeiro, permanecera no propósito de manter o "critério de capas renovadas". A esta altura, na presidência da Casa, embora discordando da iniciativa da Comissão de Publicações, "porque representará um retrocesso em matéria gráfica, (...) declara ter acolhido a nova sugestão para que a capa da **Revista**, a partir do número 96, procure voltar às características visuais dos números iniciais" [176].

Vale notar que, após a controvérsia sobre esta matéria, o plenário é informado de que a publicação **Biblioteca Hispanica del Instituto de Cooperación Iberoamericana**, de Madrid, estampara (v. I, n. 33) a reprodução "da capa da **Revista da Academia Paulista de Letras**, considerada como uma das publicações de superior categoria recebidas por aquela instituição" [177]!

As alterações havidas, por iniciativa de Marins, incluíram capas com a reprodução de retratos constantes da galeria de antigos Presidentes, assim como, com espécimes da medalha, do emblema e do **ex-libris** da Academia (volumes 89 e 90).

A edição da Revista ganhou celeridade. Em 1982, é anunciada a dos números 100, 101 e 102, com lançamentos previstos para os meses de maio, setembro e outubro ou novembro. E é lembrado o fato de que, no ano anterior, foram dados a lume o volume 99 e o **Anuário** referente aos **71 Anos** da Academia [178].

O volume 100 foi custeado pelos cofres acadêmicos, da mesma forma que outras obras de sua iniciativa, em virtude do atraso no pagamento das verbas previstas, em convênio com a Secretaria Estadual de Cultura [179].

A obtenção de colaborações foi, sempre, um dos tormentos dos editores de periódicos. Esta preocupação, porém, não molestou os redatores do órgão oficial da Casa, no período. Nenhuma reclamação, nesse sentido, é consignada nas Atas. Ao contrário, a apresentação de trabalhos era abundante, levando o Diretor de Publicações a apelar aos "acadêmicos que lhe comuniquem, por escrito, a prioridade que atribuem aos originais anteriormente entregues à Comissão da **Revista**" [180]!

Iniciativa valiosa, com o objetivo de facilitar a consulta aos números da **Revista**, foi a organização de tomo com o índice de seu conteúdo. Neste sentido, Francisco Marins sugerira ao Presidente Lycurgo de Castro Santos Filho "a publicação de mais um número índice", em seqüência aos volumes anteriores dessa natureza, 68 e 85, que "indexaria toda a matéria publicada desde o número 1 da Revista". A elaboração desse volume ficaria a cargo de Pedro Ferraz do Amaral [181].

A efetivação dessa providência só seria viabilizada na gestão de Soares Amora. Denominou-se **Volume Índice Geral II. Indexação dos Volumes 86 a 107.** É datado de 1993 e foi organizado, sob a direção do acadêmico Erwin Theodor Rosenthal e a coordenação da Profa. Sara Correia, por Rosana R. S. Gardin [182].

Além da **Revista**, mas paralelamente a ela, foram publicados dois **Anuários**. O primeiro deles, originariamente era referido como **Livro Jubiliar** [183]. Apareceram, porém, sob os títulos **70 Anos da Academia Paulista de Letras**, datado de 27 de novembro de 1979 e **71 Anos da Academia Paulista de Letras**, este - já mencionado - traz, na folha de rosto, o registro "Anuário. 1980".

Antecedendo à publicação do **Livro Jubiliar** (o referente aos 70 anos) é distribuído aos acadêmicos "os originais datilografados das biografias, cujos textos reduzidos tiveram a colaboração do acadêmico Raimundo de Menezes". Dessa forma, foram elas revistas por seus respectivos autores [184].

A mais destacada das iniciativas da Academia, no campo das publicações, foi a criação da originariamente denominada **Coleção Academia Paulista de Letras**. Idealizada por Leite Cordeiro, logrou editar 14 títulos, em sua maioria, obras esgotadas do maior interesse, prestando, desse modo, relevante serviço às letras. Tendo em vista a iniciativa, Lycurgo de Castro Santos Filho propõe que a Coleção receba o nome de Leite Cordeiro. O homenageado agradece a lembrança, "mas, declara que votará contra" [185]. A despeito de sua oposição, a proposta foi submetida à consideração do plenário, juntamente com o parecer emitido por comissão especialmente constituída para examiná-la, suscitando discussão, de que participaram inúmeros acadêmicos. Os debates tomaram várias sessões, tendo, numa delas, Lycurgo retirado sua proposta. Em decorrência, a Coleção passou a denominar-se **Biblioteca Academia Paulista de Letras** [186]. E assim, entre 1976 e 1986, surgiram os 14 volumes que a constituem. Edições cuidadas, com formato e apresentação gráfica padronizados, o texto de alguns de seus títulos são precedidos de comentários, de explicações ou nota explicativa, de introdução, de apresentação e mesmo de estudo sobre o autor e a obra.

O interesse pela Coleção se manifesta através das sugestões feitas por acadêmicos, de títulos a serem nela incluídos. Do Barão de Piratininga, patrono da Cadeira 21, é lembrada **A Cruz de Cedro** por Ernani da Silva Bruno e complementada por Nogueira Moutinho, então ocupante da Cátedra, que aponta **A Feiticeira e A Assassina**. É dele, Moutinho, ainda a indicação de **A Mocidade de Trajano**, do Visconde de Taunay, **e O Paulista** de Augusto Cesar de Barros Cruz [187]. Outro autor lembrado, este pelo Presidente Lycurgo de Castro Santos Filho, foi Washington Luís, cuja **Na Capitania de São Vicente** era apontada para "que se estude para o futuro [sua] publicação" [188].

Ernani da Silva Bruno, além de apresentar projeto destinado a estabelecer critérios para a publicação de livros na Coleção [189], sugere a realização "de um curso sobre a história da literatura de São Paulo (poesia, romance, crítica, etc.) a ser seguida pela publicação das conferências e de um balanço da evolução das letras em São Paulo reunidos em volume da **Biblioteca Academia Paulista de Letras** [190].

O projeto de desenvolvimento da Coleção ganhava impulso, tendo o Presidente Lycurgo solicitado "aos acadêmicos a indicação de títulos de livros que devem ser reeditados, para integrar" a **Biblioteca Academia Paulista de Letras** [(191)]. Essa exortação, visando a dar continuidade às publicações, soa como um canto do cisne, porque, além dos dois autores apontados anteriormente - Visconde de Taunay e Barão de Piratininga - nenhuma outra obra foi editada.

Sem patrocínio e sem convênios com o Governo do Estado, não havia condições financeiras para levar adiante o custoso projeto editorial. Para dar sustentação ao empreendimento, cogitou-se de buscar o apoio do Instituto Nacional do Livro, para "uma edição conjunta dos volumes a serem reeditados" [(192)]. O acerto não se efetivou... Da mesma forma, buscou-se a cooperação da Imprensa Oficial do Estado [(193)], sem êxito, todavia!

Ainda na esfera das publicações, cogitou-se da edição de uma Antologia de Poetas Paulistas, por sugestão de Paulo Bonfim, com aprovação da presidência. Péricles Eugênio da Silva Ramos manifestara-se, anteriormente, contrário a idéia semelhante de Geraldo Pinto Rodrigues, afirmando "ser a literatura paulista tão importante que se confunde com a brasileira, pois todos os movimentos literários que deram fruto no Brasil começaram em São Paulo" [194].

Projeto em sentido mais amplo é ventilado algum tempo depois, quando o Presidente Francisco Marins anunciava ter nomeado Comissão extraordinária destinada a "estudar a viabilidade técnica de elaboração de um dicionário de autores paulistas pela Academia" [195].

Nogueira Moutinho aventou a possibilidade de se dar "início a uma nova coleção, paralela à já existente **Biblioteca Academia Paulista de Letras**, dedicada, porém, a documentos de interesse para a história desta Casa". E completa, indicando para dar início à série, a reedição em um só volume, de **Academia Paulista de Letras - Sessão Inaugural** e do discurso de Gomes Cardim, fundador da Cadeira 26, proferido em 1929, "marco do reinício desta Academia, após longo período de letargia" [196].

A mais ousada das pretensões, em matéria de elaboração e publicação, foi a de um **Panorama Histórico da Literatura em São Paulo**, em 7 volumes! Chegou-se mesmo a discriminar alguns dos temas a serem tratados. Crítica de Letras e Artes; Estudos e Ensaios; Crônicas, Memória e Relatos de Viagens; Poesia; Prosa de Ficção; Dramaturgia; Historiografia. A execução de plano tão complexo só ocorreria "através de convênio da APL com alguma editora ou com órgãos culturais oficiais" [197].

Boas idéias, como se vê, não faltavam, o que escasseava eram os recursos para concretizá-las...

REGISTROS DE ACONTECIMENTOS E SOBRE PERSONALIDADES

A Academia, ao contrário do que se possa imaginar, repita-se, não é uma entidade voltada, exclusivamente, para si mesma, só admitindo exceções no tocante a aspectos externos de seu interesse imediato. Não. Esta Casa tem sensibilidade. Ela é, como todos os agrupamentos humanos, uma expressão da Sociedade em que se enraiza. Por isso, seus integrantes sentem e refletem o que no mundo exterior acontece.

Há um caudal de acontecimentos, registrados nas Atas, sobre eventos e sobre pessoas estranhos à Academia.

O falecimento, por exemplo, de figuras que mereceram atenção da Casa, ou de algum de seus membros, aparece nos Anais, ainda que através de simples menção, em demonstração de respeito e amizade. Assim, Marcus Pereira, o publicitário e folclorista, a quem é devida a preservação da boa música popular brasileira, que ele fez gravar e difundir. Francisco Emídio Pereira Neto, que fora, durante anos tesoureiro da Faculdade de Direito do Largo de São Francisco - o querido e inesquecível **Chico Emídio,** o boêmio amigo de gerações de estudantes das Arcadas - cujo passamento foi lembrado por Pedro Chaves, Ministro aposentado do Supremo Tribunal Federal, com repercussão no plenário. Adoniran Barbosa, o compositor despojado, a quem Paulo Bonfim definiu como "o cantor das madrugadas e dos bairros pobres, o poeta que deu alma a cortiços e subúrbios, esquinas esquecidas e a bares onde a solidão vinha beber"[198]. Há, ainda, nota a respeito da inauguração de sua herma, na Praça D. Orione, no Bexiga. Adoniran mereceu, ainda, um artigo de Brasil Bandecchi, estampado na **Revista** (102/134-135). Álvaro da Veiga Coimbra, o estudioso da numisma e da medalhística, autor de vários livros sobre numismática, cujo óbito foi assinalado. De igual modo, o do advogado Kleber de Menezes Dória, o de Paulo Silveira Santos, o de Lauro de Barros Siciliano (defensor do pró-álcool), o do Mons. Pedro Gomes, o do publicitário José Roberto Lellis Vieira[199].

Vultos outros, estes de destaque intelectual, social ou político, da mesma forma reverenciados, como Franco da Rocha, José Américo de Almeida, Edgard Cavalheiro, Abraão Ribeiro, Gibran Kalil Gibran, Edgard de Moura Bittencourt, Oliveira Viana, Margarida Lopes de Almeida, Paulo Lauro, Paulo Barbosa de Campos Filho, Marinete Prado, Alceu Amoroso Lima, Agripino Griecco, **Juó Bananere** (Alexandre Ribeiro Marcondes Machado), Euclides de Figueiredo, Teixeira de Freitas, Porfírio da Paz, Tomás Oscar Marcondes de Souza, Antonio Carlos Salles Júnior, Cícero Marques, Oneyda Alvarenga, Jorge de Andrade, Paulo Duarte, Jaime Cortezão, Pedro Navas, Olinto Moura, Júlia Lopes de Almeida, Andrade Muricy, Raul Bopp, Olívia Guedes Penteado, José Mauro Vasconcelos, Alexandre Correia, Helena Silveira, Ismael Nery, Oswald de Andrade, Alexandro Malzoni, Cora Coralina, Tancredo Neves, Alfredo Marsilac (engenheiro da **Paulista** e um dos construtores do **Trem Blindado**), Pe. Saboia de Medeiros, Marrey Júnior, Waldemar Ferreira, Fernand Blaudel, Paulo Mendes de Almeida, Basileu Garcia, Antenor Nascentes, Abílio Marques. São falecimentos, bi-milenário, centenários, aniversários de morte, enfim, registros que relembram nomes que, desta forma, não se perdem, resistindo ao decorrer do tempo que, implacável, transmuta a memória em olvido.

Algumas assinalações mereceram mais extensas referências, como se deu no tocante a Vicente Ferreira da Silva. Miguel Reale dedicou-lhe demoradas considerações. Lembrou ter sido, juntamente com ele, "um dos fundadores do Instituto Brasileiro de Filosofia (em cuja **Revista** se encontra importante parte de sua reflexão)". Estende-se, ainda, no exame da trejetória intelectual do filósofo desaparecido[200].

A Academia não se conforma e não se cala, diante das omissões dos meios de comunicação, quando do desaparecimento de figuras de projeção. Assim, "Miguel Reale, lamentando o silêncio da impresa paulista sobre o acontecimento, fala sobre a morte do acadêmico e historiador Pedro Calmon". Da mesma forma é consignada a indiferença quanto ao falecimento do Professor Mário Guimarães Ferri e do acadêmico Brasil Bandecchi[201].

A tradução do inconformismo não se cingiu ao indeferentismo para com a perda dos valores humanos e intelectuais.

Clamava-se contra abusos, alguns inomináveis, que afetavam uma população alheia, desinformada, indefesa.

Paulo Bonfim, transbordante ao extremo, em seu afeto por São Paulo, irresigna-se contra as afrontas que, administradores e particulares, perpetravam contra nossa Terra e nossos fastos.

Escandaliza-o, ferindo os brios de todos os paulistas, a ousadia inominável, da Câmara de Vereadores da Capital, cancelando o feriado municipal de 25 de janeiro, data símbolo da fundação da Cidade, qualificando o ato como "crime de Lesa São Paulo"[202].

Ergue-se, impetuosos, contra pretendida ereção, na Praça da Sé, no coração da urbs, de uma estátua ao Padre Cícero[203].

Por certo, não era a homenagem que repudiava, era o local escolhido. Lá, apenas, se erguia, e se ergue, também em honra de um sacerdote, o monumento celebrando Anchieta, o consolidador da fundação de nossa Metrópole.

Irrita-se com a iniciativa do Secretário Estadual de Cultura, mandando "confeccionar cartazes para o 3.º Salão Paulista de Arte Contemporânea, onde a bandeira paulista aparece pintada de verde e amarelo"[204].

Seu mais eloqüente protesto se deu quando da demissão de Geraldo Pinto Rodrigues do cargo que ocupava, na Reitoria da Universidade de São Paulo. A veemência de seu brado, levou a Casa a subscrever-lhe a moção de repúdio. Pela juridicidade de seus fundamentos, esta peça merece integral reprodução.

> *"Num momento de alta dramaticidade quando os paulistas passam a ser estrangeiros em sua própria casa, na hora amarga em que nossos valores são solapados e nossas tradições atraiçoadas, quando bandeirismo, 32 e os numes desta Academia são denegridos dentro do plano emboaba da destruição de São Paulo, estarrecidos somos informados da demissão de nosso confrade Geraldo Pinto Rodrigues da USP. Dessa mesma Universidade que no passado construiu o futuro*

intelectual desta gleba e que no presente procura, às vezes, ignorar tradições históricas, cívicas e culturais de nosso passado. Em que classe serão lembrados hoje os poemas de Guilherme de Almeida e de Cassiano Ricardo, os romances de José Geraldo Vieira, a paixão bandeirante de Alfredo Ellis Júnior e a religião paulista de Ibrahim Nobre? Reza nosso estatuto que precisamos aqui ser apolíticos em nossos pronunciamentos, o que já é difícil nestes dias de desfiguração nacional em que a Academia deveria pregar acima de partidos e de correntes uma cruzada de ressurreição do espírito de Piratininga. Sim, apolíticos quem sabe, mas apáticos, anódinos e amorfos jamais. Aqui protestei uma vez a propósito dos ataques que Paulo Duarte desferiu sobre Guilherme de Almeida morto; daqui não me conformei com a ingratidão com que o Governo do Estado tratara Arrobas Martins, e aqui me levanto agora para denunciar esse crime de lesa-cultura que a Reitoria da Universidade de São Paulo pratica contra um dos nossos mais ilustres e querido confrades! Lembremo-nos sempre de que pertencemos a uma fraternidade ligada pelo mistério da palavra e consolidada pela sacralidade do companheirismo! A Academia Paulista de Letras é senhora de seu destino e de sua vocação de bem servir São Paulo. Não deve vassalagem à Universidade, nem à Academia Brasileira de Letras, e nem aos inquilinos do poder. Acredito senhores Acadêmicos que a injustiça não atinja somente a um acadêmico deste sodalício, mas à poesia, ao jornalismo e à inteligência paulista. Que a indignação de todos nós chegue ao Reitor da Universidade de São Paulo, e que uma cópia deste documento que reflete os brios desta Casa seja enviado ao Governador do Estado. E a Academia estará honrando, como sempre honrou, seu nome Paulista!" [205].

O Poeta, nesse brado, reiterava a jura que fizera em seu poema **Eu te amo São Paulo!**

Quando das comemorações do 40.º aniversário do término da segunda Guerra Mundial, o Padre Hélio Abranches Viotti, capelão da FEB, "testemunha do valor e do sangue derramado" pelos soldados brasileiros nos campos de batalha, "impugna o livro há pouco editado, de William Waak, onde são tratados alguns aspectos menos favoráveis de nossa intervenção", no conflito [206].

A Academia, como se constata, não se quedava silente, quando se atentava contra os valores paulistas ou nacionais. Defendia-os com as armas de que dispunha. As da inteligência, lavrando seu inconformismo, com a elevação que o prestígio da Casa impunha.

Mas, para gáudio de seus componentes, havia o reverso. O Silogeu era, também, solicitado a opinar sobre matérias que, embora indiretamente ligadas às suas finalidades, permitiam socorrer especialistas que não puderam dar-lhe solução.

A Divisão de Preservação da Municipalidade paulistana solicitou parecer da Academia sobre a "identificação da herma que representa Fagundes Varella e que é confundida com a de Álvares de Azevedo".

Tomando conhecimento dos termos do ofício, vários acadêmicos se manifestaram. Brasil Bandecchi, com base em documentação da época de sua ereção, faz um histórico da herma. "Fala de sua atribuição original a Álvares de Azevedo e da semelhança, tradicional ressaltada, com Fagundes Varella". Péricles da Silva Ramos lembra que Vicente de Azevedo, em trabalho estampado na **Revista**, concluíra que a "estátua, embora represente Álvares de Azevedo, não é de Álvares de Azevedo, mas sim de Fagundes Varella". Para Miguel Reale, verifica-se "um direito adquirido de Álvares de Azevedo à efígie em questão, em razão da intencionalidade havida 80 anos atrás, embora a efígie não corresponda à realidade, atualmente documentada com segurança". Geraldo Pinto Rodrigues entende que não cabia à Academia pronunciar-se sobre o assunto e sugere que a Prefeitura erija uma herma a Álvares de Azevedo. Zuccoloto, com outra argumentação, também entende ser o caso de se providenciar outra herma dedicada ao poeta da **Lira dos Vinte Anos**, e que, a seu lado, se coloque a antiga, em homenagem a Fagundes Varela, hoje instalada nas proximidades do estádio do Pacaembu. Nogueira Moutinho pede o retorno do monumento a seu local de origem, a Praça da República, concordando com o entendimento de Reale. Paulo Bonfim manifesta seu temor de que ocorra com o busto do poeta o que se deu com a Rua Álvares de Azevedo, que desapareceu da nomenclatura das vias públicas da Capital!

Diante dos pronunciamentos havidos, o Presidente Lycurgo de Castro Santos Filho declara que um parecer seria elaborado e submetido ao plenário, na sessão seguinte[207].

Os termos do pronunciamento são discutidos pelo Presidente com os acadêmicos Brasil Bandecchi, Péricles Eugênio e Afrânio Zuccolotto. Concluem que, na resposta a ser dada à Prefeitura, se dirá "que a herma, objeto da consulta, foi esculpida por Amedeo Zani, custeada pelos alunos da Faculdade de Direito de São Paulo, tendo à frente o Centro Acadêmico XI de Agosto. Foi inaugurada a 4 de outubro de 1907, na Praça da República. (...) Sublinha a resposta que a herma representa o poeta Álvares de Azevedo, ressalvando, porém, (...) que quanto à semelhança parece que a imagem corresponde à de Fagundes Varela na fase final de sua vida, mas foi esculpida na intenção de representar e rememorar Álvares de Azevedo"[208].

A propósito de monumentos em honra de figuras das letras, o plenário é inteirado de que, na madrugada do dia mesmo da sessão, "algumas placas dos bustos de acadêmicos situados no jardim fronteiro à Academia foram roubadas"! Mas, "os ladrões, sua carroça e seus pés-de-cabra foram surpreendidos pela

Polícia logo após o roubo. As placas recuperadas, menos uma, foram entregues à Prefeitura, que se prontificou a recolocá-las"[209].

Ainda no tocante a essa espécie de distinção a literatos, Mário Graciotti lembra iniciativa sua anterior, prestigiada pela Casa, no sentido de que o busto de Olavo Bilac, localizado no depósito da Prefeitura, fosse transferido para a Academia, que o acolheria condignamente. Brasil Bandecchi informa, a propósito, "que o busto de Bilac foi encontrado em estado deplorável. Embora de bronze, por não ser maciço, sofreu danos por impactos. Não se encontrou, ainda, um restaurador"[210]. O busto do poeta de **O Caçador de Esmeraldas** fazia parte de um conjunto monumental, a ser instalado no final da Avenida Paulista. Sofreu críticas que impediram sua permanência no local. Desmontado, teve, ao menos, uma de suas peças escultóricas posta em praça pública. É o **O Beijo**, que se acha no Largo de São Francisco, na calçada fronteira à Faculdade de Direito.

O menosprezo dos administradores municipais pela preservação das obras em homenagem a vultos expressivos, expostos ao público, é notória. Ao remodelar-se a Praça da Liberdade, após a construção do Metrô, o monumento ao Padre Diogo Antônio Feijó, que lá se achava, antes das obras, não voltou a seu lugar primitivo. Foi doado a uma cidade do interior!... A absurda resolução da Municipalidade Paulistana despojava a cidade natal de Feijó do monumento inaugurado solenemente em 1913, por ocasião do 70º aniversário da morte do insigne paulista. Feijó, o enjeitado da Rua da Freira, se elevara aos píncaros das posições político-administrativas do País, fora deputado por São Paulo às Cortes de Lisboa, Senador do Império, Ministro da Justiça e Regente uno, durante a minoridade de Pedro II! Este o vulto que a insensibilidade de ocupantes ocasionais do poder municipal usurpou da reverência dos seus conterrâneos.

Outra obra escultórica retirada de seu assento original foi a herma de João Mendes. À época, despojado de seu pedestal, o busto fora colocado no Largo de São Francisco, num abuso que mereceu os reparos da Academia[211].

O Silogeu tomou a iniciativa de provocar a Municipalidade a perpetuar, se não o nome, pelo menos as obras de intelectuais. Com este intuito, Afrânio Zuccolotto lembra, para assinalar os 150 anos do nascimento de Álvares de Azevedo, que se dessem a vias públicas os nomes de seus livros, como ocorria, por exemplo, com **Juca Mulato**, de Menotti Del Picchia[212].

A Secretaria Estadual de Cultura, certa feita, buscou o apoio da Academia, no propósito de obter da Empresa Brasileira de Correios e Telégrafos a emissão de série de selos em homenagem a escritores paulistas, solicitando-lhe que indicasse cinco nomes de literatos para figurarem na pretendida homenagem[213].

De sua parte, a Academia procurava comemorar eventos e reverenciar figuras de destaque, prestigiando-os, ainda que nos limites de sua influência.

Assim, o cinqüentenário da fundação da Universidade de São Paulo é por ela celebrado, através de conferência proferida por Miguel Reale[214].

De igual modo, assinalou-se o octagésimo aniversário do Centro Acadêmico XI de Agosto. A Casa, associando-se às solenidades levadas a efeito nas Arcadas, foi representada por Oliveira Ribeiro Neto, que disse seu **Canto de Glória** e Geraldo Camargo Vidigal, que proferiu palestra sobre três professores da Faculdade, cujos centenários transcorriam em 1984: Soares de Faria, Sampaio Dória e Cardoso de Melo Neto[215].

Ligada ao Centro, houve, também, em sessão posterior, interessante dissertação, de que participaram Miguel Reale, Afrânio Zuccolotto e Paulo Bonfim, sobre a origem dos **gritos de guerra** utilizados pelos estudantes da Escola do Largo de São Francisco. Pena que o laconismo da Ata só registre que "a Ubirajara Martins se atribuiria a criação do mais célebre de tais brados universitários - o **pique-pique**[216].

Mereceram assinalação os 89 anos da Escola Politécnica; o centenário do **Diário Popular**; a premiação de Nilo Scalzo por sua atuação como redator-chefe do suplemento **Cultura** de **O Estado de S. Paulo**, concedida pela UBE, do Rio de Janeiro; as congratulações a Wladimir Araujo, Rui Marcucci e Elias Raide, pela direção que imprimiram ao **D. O. Leitura**, suplemento cultural do **Diário Oficial do Estado**; dos 15 anos Ordem dos Velhos Jornalistas; os 106 anos da Constituição do Império; os 450 anos do Padre Anchieta; o cinqüentenário da morte de João Ribeiro e o 20º da de Afonso Schmidt, os centenários de Augusto dos Anjos, de Roquete Pinto e de Martins Fontes; os 50 anos da **Revista do Arquivo Municipal**; o bicentenário de Diogo Antônio Feijó; os 40 anos da **Geração de 45**, lembrando-se de que a designação foi dada por Domingos Carvalho da Silva; o 30º aniversário de Oswald de Andrade, a quem Paulo Bonfim cognomina "Bayron tupiniquim"; a existência do **Boletim da Academia Paulista de História**, iniciativa de Duilio Crispim Farina; o 41º aniversário do regresso dos integrantes da FEB ao País; a trasladação dos despojos de Aureliano Leite para o Mausoléu de 32, no Ibirapuera. Além desses, vários outros registros, cuja enumeração em nada aumentaria o significado dos gestos acima referidos.

Cabe, ainda, referir a preocupação da Academia com a preservação do patrimônio documental brasileiro. Não passou despercebida a notícia de que se dispunha, publicamente, desse material. Destacou-se o artigo de **O Estado de S. Paulo**, na edição de 2 de setembro de 1983, intitulado "A Memória Nacional pela primeira vez em Leilão"[217].

Em sentido oposto, a Casa manifesta, através de João de Scantimburgo, sua satisfação pela aquisição, pelo Arquivo do Estado, da coleção do **Correio Paulistano**, que pertencera à redação do jornal. O acadêmico e jornalista, que fora dirigente dessa folha em seus últimos tempos de existência, propôs um voto de congratulações com aquele órgão público, ressaltando tratar-se de "precioso repositório de fatos e acontecimentos da História do Brasil que, iniciado em 1854 se estendeu até 1963". Lembra, ainda, que vários membros da Academia pertenceram a seus quadros, e enumera. Honório de Sylos, Péricles Eugênio da Silva Ramos, Israel Dias Novais, Paulo Bonfim, Hernani Donato e Menotti Del Picchia[218]. Este, acrescentamos, fora o redator político do órgão de imprensa do PRP., ao tempo de Washington Luís, e que fez do **Correio**, com a aquiescência do Presidente do Estado, a tribuna única, ou a principal, da pregação que precedeu a realização da **Semana de Arte Moderna**, nas raias da imprensa.

A respeito da saga dessa coleção, permitimo-nos um depoimento. Na década de 60, como é do conhecimento geral, o jornal, que continuava a ser propriedade do Partido Republicano Paulista, já então, sem o prestígio de outrora, não teve condições financeiras de continuar sua caminhada mais que centenária. Adquirido pelo Pe. Vitor Ribeiro Nicklsburg, o velho **Correio Paulistano** não teve condições de sobrevivência, encerrando suas atividades. A coleção do jornal foi preservada por seu derradeiro proprietário. O enorme volume de edições encadernadas, difícil de acomodar e de ser conservado, a despeito dos esforços despendidos, melhor destino teria se integrado em uma instituição cultural, de preferência oficial. Oferecido à Biblioteca Municipal Mário de Andrade, o prefeito Faria Lima desinteressou-se pela compra, por entender elevado o preço pedido (3 milhões de cruzeiros)!

Insucesso, também, verificou-se, algum tempo depois, junto ao Arquivo do Estado; não em função do preço (10 milhões de cruzeiros), mas pelo pronunciamento da comissão incumbida de dar parecer a respeito. Concluira por não dispor de meios para aferir o valor da coleção.

Decorridos mais alguns anos, é o Arquivo do Estado novamente procurado. A inflação, àquela altura, se aplicada, na correção do preço anterior, o elevaria a 36 milhões de cruzeiros, inviabilizando o negócio. José Sebastião Witter, diretor do Arquivo, empenhado na preservação de tão importante repositório documental, conseguiu da Secretaria Estadual da Cultura, uma verba de 20 milhões de cruzeiros. O vendedor, que não havia fixado preço, aquiesceu. Para pronunciar-se sobre o valor da transação, foi constituída comissão integrada por Heloísa Liberalli Bellotto, Ana Maria de Almeida Camargo e Célio Debes. O parecer, unânime, foi favorável à aquisição. Ressaltava o valor inestimável daquele conjunto jornalístico, que abrange mais de um século da vida de São Paulo, tendo, por exemplo - frisava - servido de base a Ernani da Silva Bruno para a reconstituição da vida paulistana, em sua monumental **História e Tradições da Cidade de São Paulo.**

A propósito da preservação da memória paulista, há o registro, em Ata, de convite formulado pela Universidade Estadual de Campinas, para a solenidade de assinatura de convênio entre ela e o Tribunal de Justiça do Estado, pelo qual "este entrega à custódia da Universidade parte significativa do acervo dos arquivos da Comarca de Campinas e sua região"[219].

Esta providência foi, talvez, a precursora de expediente visando a desafogar os arquivos do Judiciário, sem o recurso extremo da destruição dos autos judiciais, como ocorreu depois do advento do atual Código de Processo Civil, cujo artigo 1.215 faculta essa condenável prática. Prática retomada, infelizmente, em dias recentes, pela cúpula do Judiciário de São Paulo, a despeito dos esforços, em contrário, de várias instituições culturais de nossa terra.

Outra iniciativa marcante, que mereceu o apoio da Academia, foi a campanha pela trasladação dos despojos de Euclides da Cunha, do Rio de Janeiro, para São José do Rio Pardo. O movimento desencadeou-se ao ensejo dos 80 anos de **Os Sertões**, tendo, nas proximidades do evento, a Casa recebido as versões dinamarquesa e chinesa dessa obra notável!

A transferência foi assentada entre a nossa e a Academia Brasileira de Letras. Cogitava-se, inicialmente, da remoção se dar, diretamente para a cidade de destino, por via área. Surgiu, quando já iam adiantados os entendimentos, a idéia de se obedecer a "outro percurso, segundo o qual, em passagem pela capital bandeirante, os despojos receberão de intelectuais, estudantes e do público em geral a singular homenagem devida ao grande autor. Por estrada de rodagem, seguiria o cortejo até São José do Rio Pardo, onde um mausoléu, especialmente construído, abrigará definitivamente a preciosa urna" [220].

Os despojos, não só de Euclides, mas, também os de seu filho e homônimo, chegaram a São Paulo, a 13 de agosto, permanecendo no saguão da Academia, sob guarda de honra de elementos da Polícia Militar. No auditório, realizou-se sessão em honra da memória do escritor, sendo orador oficial o Presidente Francisco Marins. A encomendação foi feita pelo Padre Hélio Viotti. Os esquifes permaneceram no átrio da Casa até o dia seguinte. A 14, em carro do Corpo de Bombeiros, seguiram para a cidade de destino. Em São José do Rio Pardo, foram eles, após várias solenidades, depositados no Mausoléu-Monumento, erguido ao lado da cabana histórica, onde **Os Sertões** foram escritos, às margens do rio, que empresta o nome àquela localidade [221].

O espírito de paulistanidade - que hoje se esvai, lamentavelmente, como se o sentimento de apego à terra natal fosse algum mal contagioso, exigindo segregação - foi uma das características do período em exame.

Num artigo, vindo a lume no **Jornal do Comércio**, do Rio, Joaquim Inojosa, a pretexto de comentar o livro de Marcello Carmognoni, **L'America Latina del 1880 ai nostri giorni,** se permite, regozijando-se, diminuir São Paulo. Resumindo o pensamento do escritor peninsular que analisava, escreve:

> *"O Brasil teria tido pouca sorte de instaurar uma República - como nos demais países latino-americanos - essencialmente oligárquica, localista, regionalista, o que levou ao progresso de dois estados, São Paulo e Minas, em proporções que retardam o dos demais estados".*

E, depois de citar o original, no trecho que diz "teria esse desigual desenvolvimento criado no Brasil uma série de tensões de nível social", acrescenta, **motu proprio,**

> *"Não deixa de ser válida a observação do escritor italiano, esquecendo-se, todavia, de citar a velha história de que São Paulo fosse uma locomotiva puxando vinte vagões (Estados) vazios, o que, numa reviravolta sensacional, deixou, ou vem deixando de acontecer..."*

Tomando conhecimento desse escrito, Honório de Sylos dirige carta a **O Estado de S. Paulo** de contestação, intitulada "A locomotiva que não apita". Referindo-se ao escritor e jornalista pernambucano, autor do artigo, consigna:

> *"Nota-se aí, por parte do antigo presidente da Ordem dos Velhos Jornalistas do Rio de Janeiro, uma certa ironia, de mistura com indisfarçável júbilo em relação ao que, apressadamente, considera declínio da terra paulista. Ocorre que a locomotiva (frase criada pelo baiano Artur Neiva) continua funcionando (que o digam o Tesouro Nacional, o imposto de renda, o Inamps), porém, não apita mais...*
> *E não "apita", porque São Paulo, hoje em dia, não tem politicamente o lugar que lhe compete na Federação"!*

No desenvolvimento de sua impugnação, o missivista mostra o que foi o desenvolvimento de São Paulo, antes da proclamação da República "oligárquica, localista e regionalista", com a cultura do café e a implantação de um sistema ferroviário, viabilizando o escoamento da produção, ao mesmo tempo em que, antes da abolição da escravatura, promoveu, às custas de meios da própria Província, a imigração e a utilização do braço livre. Já no tocante à iniciativa do governo imperial no estipêndio da vinda de imigrantes para o País, em 1883, excluiu-se "São Paulo, por correr tal serviço por conta dos cofres provinciais"! Se, desde o Império, São Paulo se bastou, prescindindo do auxílio do governo central, não há como atribuir-lhe responsabilidade pelo fato de o restante da Nação se ter estancado economicamente.

Encerra Honório de Sylos seu veemente libelo, proclamando:

> *"Graças ao espírito de iniciativa e energia dos paulistas, a lavoura aqui quase nada sofreu com a Abolição. Ao contrário da terra fluminense e de Minas. Após o 13 de Maio, aumentamos a exportação de café, esse mesmo produto que tem garantido as divisas de que o Brasil precisa"* [222].

Nessa carta, Honório faz, também, referências a conceitos de Gilberto Freire sobre São Paulo, desaprovando-os, fundamentadamente.

Principia por destacar a menção que o sociólogo faz, a propósito da imigração em território paulista, de que ela "foi conduzida sob o estímulo e cuidados oficiais", em detrimento de outras regiões do País, fato este "que representa vantagem desmedida de um Estado sobre os demais". Tal situação teve - ainda na versão do escritor pernambucano - início no período monárquico, por paulistas inteligentes, preponderantes no governo nacional, com Antonio da Silva Prado.

Reportando-se a seu livro **São Paulo e seus caminhos,** cujos termos reitera, mostra o engano em que laborava o autor de **Casa Grande e Senzala,** aliás reincidente em suas investidas (em **Região e Tradição, São Paulo, espírito, povo e instituições** e em **Ordem e Progresso):**

> *"Antonio Prado foi ministro da Agricultura no Gabinete Cotegipe (1885) menos de um ano. Integrou depois, em 1888, o Gabinete João Alfredo, conservador. Já em 1889, subia o Partido Liberal, com Ouro Preto. Em tão curto tempo, o titular citado pouco terià feito por São Paulo. Releva notar que os dois estadistas a que se subordinou eram do Norte e, certamente, não concordariam com qualquer favoritismo do ministro paulista em dano do setentrião brasileiro".*

Em outra passagem desse documento, recorda Honório de Sylos que a regulamentação, na Província de São Paulo, da imigração subvencionada começara em 1884, por iniciativa de Martinho Prado. Assinala que, para acolher os imigrantes, instalara hospedarias provisórias em Cachoeira, Santo André e no Bom Retiro e que em 1886, inaugurara, na presidência do Conde de Parnaíba, "a grande hospedaria da Mooca". Não olvida, ainda, a criação, pelos fazendeiros de São Paulo, da **Associação Promotora da Imigração.** São Paulo progrediu por seus esforços, sem o auxílio da Fazenda Nacional, graças ao binômio Café e Ferrovia - tema que mereceu a atenção do acadêmico Odilon Nogueira de Matos, em obra clássica que o tem por título - acrescido da precoce preocupação em substituir o elemento servil pelo braço livre. E isto, muito antes das leis do "Ventre Livre", dos "Sexagenários" e da chamada "Lei Áurea".

O progresso de São Paulo e seu primado entre os demais entes federados é obra sua, exclusivamente sua, de seus governantes e, acima de tudo, do povo paulista, apesar dos pesares!

Gilberto Freire reconheceu, em carta aberta dirigida a Honório de Sylos, divulgada através do **Diário de Pernambuco** (20 de fevereiro de 1983), os argumentos do acadêmico paulista. Ressalva, no entanto, que "é certo, também, terem sido esses paulistas inteligentes favorecidos, quer por aquelas já referidas circunstâncias ecológicas - as climáticas e de solos - quer por não lhe terem faltado favores e simpatias federais, vindas da nova República". E tudo que beneficiou São Paulo, implicou em desfavor de Pernambuco... "É um desequilíbrio, cada vez mais acentuado, no Brasil, entre o Nordeste e o Centro-Sul, que se tornou completamente sócio-econômico".

E o senhor de Apipucos, invocando o Manifesto Regionalista de 1926, encerra sua carta, sustentando

> *"ser o Brasil uma constelação de regiões. Essa pluralidade à base da unidade nacional. Uma perspectiva sociológica dentro da qual caberia uma reorientação econômica e outra, política, quanto a espaços regionais componentes de um espaço brasileiramente total"* [223].

O preclaro acadêmico e jornalista tornou-se em dado momento, com Paulo Bonfim, o Condestável, na defesa de São Paulo e de seus fastos.

De outra feita, Honório sai em defesa da Revolução de 32, enfrentando os muitos que, até hoje, "não compreenderam (ou não quiseram compreender) o sentido, a significação do levante de São Paulo". E especifica. Dois anos antes, o general Dilermando Gomes Monteiro "rotulou o movimento de 9 de Julho de separatista". Agora, era o Marechal Cordeiro de Farias que, em entrevista a **O Estado de S. Paulo** (3 de junho de 1982), afirmava que a Revolução era a "volta da velha politicagem de São Paulo. Eles queriam volver à política do café com leite. Os velhos políticos paulistas é que fizeram toda a agitação". E, na seqüência, sentencia. "Estou convencido de que a Revolução de São Paulo seria uma desgraça para o Brasil, porque era um revanchismo dos elementos que estavam viciados pela maneira de agir do período anterior a 30. Assim vejo 32"...

Quanto à diatribe do marechal, responde o bravo acadêmico.

> *"Da Revolução de 9 de Julho participou o povo de São Paulo em sua quase unanimidade. Nela tomaram parte até os políticos".*

E, ironizando, corrige.

> *"Pensávamos que o Brasil já soubesse disso. Mas, não. Vem agora uma alta figura do Exército e figura de projeção nacional e afirma este despropósito de que "os velhos políticos paulistas é que fizeram a agitação"! Foi o povo que promoveu a gloriosa sublevação, o povo na sua mais genuína expressão, o povo paulista cansado das humilhações a que o submeteu a ditadura getuliana. Injusto o marechal, quando procura aviltar, menoscabar a revolta de Piratininga, reduzindo-a a um mero, vulgar, reles movimento da politicagem de São Paulo".*

É de se recordar - aditamos, nós - que Cordeiro de Farias, como chefe de Polícia, compactuava com as humilhações a que nos submetiam os vencedores de 30.

À pretendida volta à política **café com leite**, que, na versão do entrevistado, era um dos objetivos do Movimento, responde o missivista que, em "32, Minas esteve contra São Paulo", de modo que, para um conchavo dessa natureza, o leite mineiro estaria ausente...

Quanto à "desgraça do Brasil", que defluía da visão de Cordeiro de Farias, caso a Revolução saísse vitoriosa, vencedora, contrapõe seu contestante que o que ela objetivava era "a Constituição, a democracia, o estado de direito".

A felicidade do Brasil seria, ou melhor, foi o **Estado Novo**, gerado nas entranhas do governo nascido em 30, que, sob a capa democrática, que, malgrado, lhe impusera a Revolução Constitucionalista, tinha por meta a perpetuação da ditadura que a inspirava...

Sobre a alegada agitação "da politicagem de São Paulo", replica Honório, apontando figuras de outros Estados, civis e militares, que se alinharam aos Paulistas, na jornada patriótica de 32.

E, na mesma linha contestatória, depõe o autor da carta - por ter combatido na frente em que as tropas da ditadura eram comandadas pelo acusador - desmentindo o marechal, quando afirma ter tido "uma pena tremenda daqueles meninos de São Paulo", pelo que não desencadeara nenhuma ação frontal contra eles. Ao contrário, "fazia um envolvimento e prendia todos".

> *"Que exagero marechal! Estivemos com o destacamento **Tenório** na região de Itapetininga, participando da cruenta Batalha de Buri e nossa valorosa força, sob o comando do caro, bravo e saudoso Coronel Tenório de Brito, resistiu até o último dia da Revolução, nas margens do rio Paranapanema. E era uma tropa de jovens (de São Paulo, Casa Branca, Jaú, Mococa, Tietê, Lins e Boituva). Ninguém foi preso. Em outras frentes, os moços paulistas lutaram com bravura. Não é verdade que, desesperados e covardes, os "meninos de São Paulo se deixavam, ingênua e facilmente, envolver e prender"!*

Encerra seu libelo, aconselhando o marechal a ler os tópicos dedicados à Revolução Constitucionalista, constantes da **História do Exército Brasileiro - Perfil de um Povo**, editada pelo Estado - Maior do Exército, onde se destaca que o **"movimento do povo paulista é muito significativo nas revoluções republicanas brasileiras, pelo que representou de mobilização de forças, dedicação à causa comum, tenacidade e resistência"**[224]!...

A Revolução Constitucionalista, a Revolução de São Paulo, o Movimento de 32, o 9 de Julho, como quer que se denomine o grande gesto patriótico do Povo Paulista, mereceu comemorações na Academia.

O transcurso do 48º aniversário da "Revolução Constitucionalista de 32" foi marcado por uma sessão especial, aberta ao público, que contou com a presença, além da dos acadêmicos, de representantes de inúmeras entidades culturais.

Honório de Sylos, em "incisivo resumo histórico" enumera os acadêmicos que participaram direta, ou indiretamente, da causa Constitucionalista. Entre os combatentes, aparecem Guilherme de Almeida, Alfredo Ellis Júnior - gravemente ferido, na frente de Cunha - o próprio Honório, lista à qual se acrescenta o nome de Miguel Reale, que integrou as tropas, no posto de sargento.

Pedro Chaves lembra sua participação, na qualidade de Juiz de Direito em Santos, e menciona outros participantes da mobilização.

Pacheco e Silva rende homenagem a seus companheiros de prisão, na Sala da Capela da Casa de Detenção do Rio de Janeiro. Aureliano Leite, Ibrahim Nobre, Guilherme de Almeida, Júlio de Mesquita Filho e Cassiano Ricardo.

Falaram, ainda, Pedro Ferraz do Amaral e Brasil Bandecchi, este ressaltando "as lacunas encontradas nos livros de História do Brasil relativamente ao movimento de 32, em sentido profundo".

Paulo Bonfim diz sua **Ode a 9 de Julho** e Oliveira Ribeiro Neto **Ao herói desconhecido** e **Terra de Glória**[225].

O cinqüentenário da Epopéia de São Paulo foi assinalado através de conferência proferida por Pacheco e Silva, intitulada **A Revolução Paulista de 32. Figuras Acadêmicas nesse Movimento**, em sessão especial, realizada em 24 de junho de 1982, sendo saudado por Honório de Sylos.

O laconismo da Ata deixou de consignar os nomes das personalidades presentes, referindo-se, apenas, à presença de "acadêmicos e convidados"[226]. Em compensação, a conferência mereceu transcrição integral em outro número da **Revista**[227].

Pacheco e Silva considerava-se "um dos poucos sobreviventes daqueles dias inesquecíveis, vividos intensamente". Dizia-o, naturalmente, em função da segunda parte do título de sua oração. Ou seja, dos acadêmicos participantes da sublevação.

Sobre o grande acontecimento, se expressa afirmando ser a

> *"Revolução Constitucionalista de 1932 uma das páginas mais belas e gloriosas de nossa História".*

E completa, terem sido.

> *"aqueles dias de vibração e entusiasmo, em que todos os paulistas se uniram, galvanizados por um só e mesmo ideal - o de restabelecer a legalidade no País e* ***libertar São Paulo do jugo ditatorial, que o oprimia, humilhava e enxovalhava"*** *(gn).*

Em seguida, disserta sobre o papel desempenhado, individualmente, pelos acadêmicos.

Desfilam, então, Pedro de Toledo, que fora o fundador da Cadeira 39, e que governara o Estado durante a refrega; Alcantara Machado, de quem reproduz o apelo dirigido a todos os brasileiros, a 11 de agosto de 32; Guilherme de Almeida, cuja **Berceuse,** uma de suas produções escritas nas trincheiras, foi lembrada: "Pátria... A Trincheira, a luta a saudade... Mas também a alma da terra, a força da raça, a fé na vitória..."; de Ibrahim Nobre, destaca uma frase de **Minha Terra! Minha Pobre Terra!** "Nós defendemos uma causa. Não pleiteamos uma coisa"!; Júlio de Mesquita Filho que, através de seu jornal, "foi um dos (...) grandes arautos" da Revolução; Ernesto Leme, que, em carta de despedida a um amigo, ao partir para a linha de frente, patenteia a incerteza do regresso: "Quem vai, como eu, sem saber para onde, não sabe quando há de voltar, nem também se voltará. Se não nos virmos mais, creia que parti abençoando a obra pelo bem de nossa causa"; Martins Fontes, o vate de **Pola Grey**, cujos dois versos iniciais soam como um hino e um anátema: "São Paulo concedeu a seus filhos a glória / De salvar o Brasil da mais nefasta escória" /; Cesar Salgado, alistado, "partiu para a frente norte, onde lutou na defesa de seus pagos" (Pindamonhangaba e Aparecida); Menotti Del Picchia, auxiliar de gabinete de Pedro de Toledo, iria retratar os fatos que vivera nesse posto, em **A Revolução Paulista Através de um testemunho do Gabinete do Governador;** Paulo Nogueira Filho, que fixou, em volumosa obra, a História da Guerra Cívica de São Paulo, da qual foi partícipe, desde os primórdios; René Thiollier, soldado raso, integrante do "Batalhão da Liga de Defesa Paulista", participou da luta travada em Cunha; Plínio Barreto, o advogado que, em manifesto dirigido a seus colegas, apontava-lhes a realidade: "O direito mede-se com o despotismo na batalha que travou. Ai de vós! que imensa noite de infortúnios vos envolverá, se o direito for desbaratado"!; Paulo Setúbal, parafraseando o Ministro da Justiça de Pedro I, que se negou a referendar o decreto que dissolvia a Constituinte de 1823, brada, em uma de suas intervenções na Tribuna da Rádio-Jornal "Senhor Getúlio Vargas! A pena treme: nós não referendamos a atitude de v. exas! Nós queremos a Lei. E queremo-la já!"; Alfredo Ellis Júnior, de quem o orador afirma que "bem poucos paulistas deram, no decurso de suas vidas, tanto a São Paulo", e, mais do que intelectualmente, deu seu sangue, nos campos de Cunha, onde sofreu gravíssima lesão, que o marcou para o resto da vida; Cassiano Ricardo, que chefiou o Gabinete de Pedro de

Toledo; Gofredo da Silva Telles, o Prefeito da Capital, durante a Revolução; Altino Arantes, um dos mentores do Movimento, o que lhe valeu a prisão e o exílio; Aureliano Leite, um dos fundadores do M.M.D.C., desempenhou papel relevante na conspiração e no desencadeamento do levante armado; Ernesto de Souza Campos, obstado de engajar-se na tropa, integrou as forças da retaguarda, no setor de saúde; Luciano Gualberto, igualmente médico, prestou, "em vários setores, apreciáveis serviços à Revolução"; Monteiro Lobato deu valiosa contribuição intelectual e material à causa Constitucionalista, inclusive "fazendo judiciosos comentários sobre a propaganda e os efeitos dos boatos, no decurso da guerra cívica paulista", Roberto Moreira foi um dos tribunos que buscou esclarecer a Revolução, em todo território nacional, quanto "às suas verdadeiras causas, refutando os que acusavam, por interesses mesquinhos, os revolucionários de separatistas, apoiados por alienígenas"; por fim Honório de Sylos, o defensor impertérrito dos brios de São Paulo, foi, como se viu, páginas atrás, combatente na zona de Buri.

A assinalação pela Academia da arrancada Constitucionalista, em seu qüinquagésimo aniversário, teve, além da sessão especial, a colaboração de outros de seus membros, fora do recinto acadêmico. Pedro Chaves proferiu, no Clube Piratininga, palestra intitulada "A Revolução Constitucionalista de 1932, suas causas e fundamentos. O papel de São Paulo". "Observações de um Ex-Censor de 1932" foi o artigo de autoria de Alcantara da Silveira; Paulo Bonfim compôs "Os Jovens de 32" e "Voluntários Paulistas". Os trabalhos citados desses três autores foram acolhidos pela **Revista**[228].

A defesa de São Paulo e de seu passado de glória foi, como continua sendo, um dos propósitos da Academia.

Em 1985, Paulo Bonfim dirige-se a seus pares, indignado, para informar e lançar seu protesto contra outro atentado à História Paulista.

> *"Deslustrando o Dia Nacional da Educação, a Secretaria da Educação do Estado de São Paulo lança, numa tiragem de 500.000 exemplares, seu boletim oficial intitulado Educação Democrática destinado à juventude; entre outras manifestações de deseducação cívica, destacamos esta inverdade sobre a Revolução Constitucionalista de 32: "O movimento dos paulistas teve esse nome porque queria uma constituição para o Brasil. Mas, o movimento também queria a separação de São Paulo do resto do Brasil"*[229].

Estão aí os testemunhos eloqüentes de que a Academia, além de ser a guardiã das manifestações literárias e culturais de nossa Terra, é a defensora inconcussa de sua dignidade e de sua gente.

CONCLUSÃO

Este alongado, mas sucinto relato do que foi a vida da Academia Paulista de Letras e as atividades desenvolvidas por seus integrantes, no setênio compreendido entre 1980 e 1986, procurou fixar um instante da Instituição idealizada por Joaquim José de Carvalho, na ocasião em que transcorre o nonagésimo aniversário de sua fundação.

Lacunas, equívocos e outros defeitos este trabalho, certamente, apresenta. Às limitações de quem se abalançou a tamanha ousadia, são eles debitados. É forçoso, no entanto, que se assinale que, a despeito dessas ocorrências, indesejáveis obviamente, o tentame agora levado a efeito teve em mira contribuir para a preservação da memória da Academia.

Aos 90 anos, é chegado o "tempo para voltar ao passado e viver das recordações", conforme preconizava Joaquim Nabuco"[230].

NOTAS

(1) René Thiollier, **Episódios de Minha Vida**, São Paulo, Anhembi, 1956, capítulo "O Sonho de Alcantara Machado", p. 181-187.
(2) Carlos Alberto Nunes, "Pequena História da Academia Paulista de Letras. 1909 a 1955", in **70 Anos da Academia Paulista de Letras**, (São Paulo, Academia Paulista de Letras), 27 de novembro de 1979, p. 225.
(3) René Thiollier, op. cit., p. 186.
(4) Carlos Alberto Nunes, op. cit., p. 226.
(5) A Ata de 2 de dezembro de 1982 consigna que o Presidente Marins "anuncia que os senhores acadêmicos irão receber (...) um exemplar da medalha comemorativa da construção desta sede em 1954". Há, ainda, nesse registro, o esclarecimento de que "as medalhas foram encontradas pelo acadêmico Honório de Sylos, num dos cofres da Academia" (104/229).
(6) Carlos Alberto Nunes, op. cit., p. 228.
(7) idem, ibidem.
(8) 18 de março de 1986 (107/216).
(9) 20 de fevereiro de 1986 (107/213).
(10) 24 de junho de 1982 (104/190).
(11) 26 de junho de 1986 (107/232).
(12) 8 de fevereiro de 1979 (101/168) e 2 de outubro de 1980 (102/199).
(13) O princípio de incêndio ocorrera a 12 de dezembro de 1980 (12 de fevereiro de 1981. 103/194-195).
(14) 19 de março de 1981 (103/204).
(15) 2 de setembro de 1982 (104/204).
(16) idem (104/205).
(17) 23 de setembro de 1982 (104/208). A infiltração verificada no poço do elevador sanou-se com o conserto da bomba de sucção, que se avariara.
(18) 12 de março de 1981 (104/202) e 22 de maio de 1982 (104/177).
(19) 9 de junho de 1982 (105/164)

(20) 7 de maio de 1984 (106/120)
(21) 18 de outubro de 1984 (106/149)
(22) 17 de maio de 1984 (106/120)
(23) 22 de março de 1979 (101/172)
(24) 8 de fevereiro de 1979 (101/168-169)
(25) **Relatório da 9.ª Presidência (1979-1982),** p. 4. A respeito de algumas Comissões Especiais, há referências nas Atas das sessões de 8 de fevereiro e de 26 de julho de 1979 (101/169 e 190).
(26) 7 de fevereiro de 1980 (102/156).
(27) 25 de fevereiro de 1982 (104/164). O registro transcrito deve estar defeituoso, o mês de março, obviamente, não era o corrente; corrente era o ano, que não foi consignado.
(28) 8 de fevereiro de 1980, cit. Na ocasião, foi lembrado o fato de que alguns acadêmicos integravam mais de uma Comissão, sem que este aspecto tivesse sido objeto de consideração (p. 169).
(29) 8 de março de 1979 (101/171-172).
(30) 22 de março de 1979 (101/172-173).
(31) 29 de maio de 1980 (102/175).
(32) 12 de fevereiro de 1981 (103/195).
(33) 12 de março de 1981 (101/202).
(34) 25 de fevereiro de 1983 (104/164). Essa decisão foi ratificada, por escrito, por numerosos acadêmicos (104/166).
(35) 21 de novembro de 1985 (106/204).
(36) 24 de fevereiro de 1983 (105/136).
(37) 17 de novembro de 1983 (105/207).
(38) 17 de março de 1983 (105/142).
(39) 24 de março de 1983 (105/144). A informação do Presidente foi corroborada por Leite Cordeiro, que doou o gravador. Na gestão Marins, há notícia da gravação de uma das reuniões, em que falou o acadêmico Pedro Chaves (103/220). Paulo Bonfim chegou a propor a criação do **Museu do Som,** "onde seriam conservadas as gravações de depoimentos de seus integrantes" (3 de fevereiro de 1983; 105/130).
(40) A conferência e os comentários ocorreram na sessão de 13 março de 1980 (102/163), e a íntegra dos dois pronunciamentos acham-se estampados na **Revista** (100/60 e 66).
(41) 10 de abril de 1980 (102/167-168). Oliveira Ribeiro Neto, no cinqüentenário do 23 de Maio, recitou os versos "Diante de Ibrahim Nobre" (101/160).
(42) 100/142.
(43) 11 de fevereiro de 1982 (103/142).
(44) 18 de setembro de 1980 (102/194-196). O texto da conferência foi publicado na **Revista** (99/179-198).
(45) 26 de julho de 1979 (101/190).
(46) 2 de outubro de 1980 (102/199) e 7 de outubro de 1982 (104/211). A **Revista,** na secção "Arquivo Acadêmico", registrou a solenidade de inauguração da herma, concluindo a nota com estas palavras de Maria de Lourdes Teixeira: "Não deixemos morrer os nossos mortos" (103/166-167). Houve, também, a lembrança de Paulo Bonfim, para que se solicitasse a mudança da denominação da rua Macapá,

onde se acha a casa do poeta, para rua Guilherme de Almeida (100/205). Seria, na realidade, - aditamos, nós - a mais justa homenagem ao Poeta de 32; a providência seria o traço de união entre as ruas Estevam de Almeida e Tácito de Almeida, dedicadas ao pai e ao irmão de Guilherme, de vez que a Macapá se origina numa delas e termina na outra.

(47) 7 de agosto de 1980 (102/183-184).

(48) 18 de março de 1982 (104/167-168 e 171-172)

(49) 6 de dezembro de 1979 (101/209-210).

(50) **Revista da Academia Paulista de Letras,** 99/281. Nesta edição, se encontram "Poema em Prosa de Fernando Goés", de Tito Lívio Ferreira, e "Fernando Góes", de Brasil Bandecchi.

(51) Idem, ibidem. A rua Santo António foi, durante anos, a em que Góes residiu, onde, dizia, mantinha sua mansarda, sua água furtada.

(52) **Revista** 101/59-65.

(53) 26 de maio de 1983 (105/162-163; a íntegra está publicada no volume 103/86-99.

(54) 10 de abril de 1986 (107/220). A iniciativa da homenagem partira de Augusto Galvão Bueno Trigueirinho, presidente da Associação dos Cavaleiros de São Paulo.

(55) Todas as realizações culturais referidas tiveram lugar em 1982, e seus extratos se encontram na **Revista** 104.

(56) Esta era a esperança que Marins, ao passar a Presidência da Academia a Lycurgo, gostaria que fosse avaliada (104/232). O apanhado, aqui feito, demonstra o quanto foi positiva sua gestão.

(57) 6 de maio de 1982 (104/179).

(58) 2 de dezembro de 1982 (104/229). Em outra oportunidade, é anunciada a existência de "vinte distintivos de lapela da Academia (...) mandados confeccionar de latão banhado a ouro" (13 de fevereiro de 1986; 107/212).

(59) 20 de julho de 1982 (104/196).

(60) 26 de março de 1981 (103/206).

(61) 23 de fevereiro de 1978 (100/183).

(62) **Revista** 101/147-148.

(63) 15 de outubro de 1981 (103/246).

(64) 3 de dezembro de 1981 (103/256).

(65) 18 de fevereiro de 1982 (104/161).

(66) 25 de fevereiro de 1982 (104/163).

(67) 1.º de junho de 1982 (104/163). Haveria, ao menos no início de suas atividades, um teto no tocante à despesa com cada acadêmico, pelo Seguro-Saúde, mantido pela Academia (105/167).

(68) 12 de agosto de 1982 (104/199).

(69) 6 de junho de 1983 (105/166).

(70) 10 de maio de 1984 (106/119 e 120).

(71) 17 de junho de 1982 (104/187).

(72) 7 de fevereiro de 1985 (106/162).

(73) Sessão extraordinária de 7 de março de 1985 (106/164).

(74) 8 de maio de 1986 (107/225).

(75) 17 de junho de 1982 (104/187-188)

(76) 27 de junho de 1982 (104/195)

(77) 12 de agosto de 1982 (104/199).

(78) **Academia Paulista de Letras. Lembrança da Sessão Inaugural**, São Paulo, Espinola & Cia., 1909, p. 220. O Relatório é de autoria de Joaquim José de Carvalho.
(79) 25 de fevereiro (104/163).
(80) 26 de junho de 1979 (101/190).
(81) 12 de fevereiro de 1981 (103/195).
(82) 7 de junho de 1979 (101/183).
(83) 29 de maio de 1980 (102/174).
(84) 3 de dezembro de 1980 (103/256). O relatório da Comissão Julgadora, integrada por Oliveira Ribeiro Neto, Geraldo Pinto Rodrigues e Osmar Pimentel, encontra-se na **Revista** 101/151-152.
(85) 12 de junho de 1980 (102/177).
(86) 5 de junho de 1985 (106/178).
(87) 11 de junho de 1985 (106/180, 183 e 190).
(88) 26 de setembro de 1985 (106/196 e 204).
(89) 3 de fevereiro de 1983 (105/130).
(90) 13 e 20 de junho de 1985 (106/178 e 179).
(91) 27 de junho de 1985 (106/181).
(92) 31 de outubro de 1982 (104/215).
(93) 25 de novembro de 1982 (104/225 e 228).
(94) 8 de fevereiro e 8 de março de 1979 (101/168 e 170). O extrato referente ao convênio foi publicado no Diário Oficial do Estado de 10 de março (101/172).
(95) 15 de maio de 1980 (102/172).
(96) 26 de março de 1981 (103/205).
(97) Idem, ibidem. Em sessão posterior, Hernani Donato, presidente da Comissão de Literatura da Secretaria Estadual da Cultura, informava ter encaminhado proposta de convênio a ser celebrado com a Academia, cujo valor era de um milhão de cruzeiros.
(98) 28 de maio de 1981 e 11 de março de 1982 (103/215 e 104/167).
(99) 25 de fevereiro de 1982 (104/164).
(100) 1.º de julho de 1982 (104/192).
(101) 23 de setembro de 1982 (104/208). Com base nesse convênio, realizava-se, ainda na gestão de Marins, uma sessão com a presença dos escritores Joel Silveira, Moacir Lopes e Guilherme de Figueiredo, que discorreram sobre "O Conto na Literatura Brasileira" (p. 211).
(102) 28 de abril de 1983 (105/149). A repercussão em Ribeirão Preto, através das colunas do **Diário da Manhã**, da conferência de Geraldo Pinto Rodrigues sobre Cassiano Ricardo, também mereceu registro nos Anais da Academia (13 de outubro de 1983; 105/198).
(103) 14 de abril de 1983 (105/148).
(104) 5 de abril de 1979 (101/175).
(105) 2 de agosto de 1984 (106/134). A Carta de 1988 dispôs, em seu art. 13, que "a língua portuguesa é o idioma oficial da República Federativa do Brasil".
(106) 17 de maio de 1979 (101/180-181).
(107) 27 de setembro de 1979 (101/201). Hernani Donato, em outra ocasião, comunicava que o Código de Posturas de Fortaleza exige respeito à língua brasileira, proibindo a deturpação da ortografia dos nomes dos estabelecimentos comerciais, obje-

tos ou logradouros. Lembra que, em São Paulo, havia "um código semelhante ainda não posto em vigor" (104/211).

(108) 21 de fevereiro de 1980 (102/160).

(109) 26 de maio de 1983 (105/160).

(110) 26 de fevereiro de 1981 (103/198-199). Péricles ressalta, ainda, que o português falado em Portugal evoluiu muito mais do que o falado no Brasil, que se identifica mais com o português da época do descobrimento. É de se lembrar que Jaime Cortezão assinala a existência de vocábulos quinhentistas correntes no Brasil atual e em desuso em Portugal, como **moça e sertão**, este considerado **brasileirismo**, por dicionaristas.

(111) 10 de novembro de 1983 (105/205-206).

(112) 26 de fevereiro de 1981 (103/198-199).

(113) Idem, idem, p. 199.

(114) 30 de junho de 1983 (105/171). Zuccolotto retoma, posteriormente, o assunto, ocasião em que com a participação de Soares Amora, Brasil Bandecchi, Tito Lívio Ferreira, Lygia Fagundes Telles e Hernani Donato, é discutida a situação da língua portuguesa, diante dos meios de comunicação e sua influência perniciosa e benéfica (105/176). João de Scantimburgo refere-se à crítica do jornalista e professor Jean-François Revel à "devastação produzida pelos meios de comunicação na língua francesa" e conclui afirmando que o problema é de âmbito mundial (105/206).

(115) 28 de julho de 1983 (105/178).

(116) 4 de agosto de 1983 (105/181-182).

(117) 8 de setembro de 1983 (105/190-191).

(118) 3 de setembro de 1981 (103/232). Para a citação da "Carta do Infante", valeu-se Zuccolotto dos préstimos de Domingos Carvalho da Silva que, no momento, tinha, em mãos, as **Epístolas**.

(119) 20 de maio de 1982 (104/181).

(120) 30 de agosto de 1979 (101/197).

(121) 12 de fevereiro de 1981 (103/195-196). A inauguração do retrato - que permaneceu, por longo tempo, na sala de chá - foi adiada, em virtude da ausência, justificada, do ofertante, que seria o orador da solenidade (103/198).

(122) 3 de fevereiro de 1983 (105/130).

(123) 13 de fevereiro de 1986 (107/212).

(124) Ata cit. (105/129-130). Trata-se da fotografia reproduzida à p. 105.

(125) 4 de agosto de 1983 (105/181) e 29 de novembro de 1984 (106/156).

(126) 11 e 18 de novembro de 1982 (104/221 e 224). Arroyo lembrou, também, que Nair Oppromella dedicava-se à pintura de assuntos paulistas, especialmente, aspectos folclóricos do rio Tietê e que a ilustração relativa ao **Minhocão**, constante do livro de Afonso de Taunay sobre as **Monções**, é de sua autoria.

(127) 4 de março de 1982 (104/165).

(128) 16 de junho de 1983 (105/165).

(129) 4 de maio de 1982 (104/165), cit.

(130) 28 de junho de 1984 (106/127).

(131) Lycurgo de Castro Santos Filho, a 5 de junho de 1986, fez, às 16 horas, fotografar, em conjunto, os acadêmicos presentes à sessão (107/229).

(132) 22 de agosto de 1985 (106/191 e 192).

(133) 12 de abril de 1984 (106/115).

(134) 16 de fevereiro de 1984 (106/105). Zuccolotto, expedito, entregou, na sessão de 1º de março, o Regulamento, que mereceu aprovação e aplausos (p. 108).

(135) 3 de novembro de 1983 (105/204).

(136) 22 de março de 1984 (106/111). O registro da Biblioteca, no Conselho Regional de Biblioteconomia da VIII Região, tomou o número 7.200 (106/155).

(137) 17 de maio e 6 de setembro de 1984 (106/120 e 140-141).

(138) 12 de setembro de 1985 (106/194). Leonardo Arroyo, em carta datada de 12 de fevereiro, e lida pelo 1º Secretário, Ernani da Silva Bruno, justificava as ausências às sessões da Academia Paulista de História, da qual também era membro. Arroyo falecera em 1985, ficando inconcluso o Catálogo que estava elaborando; para dar-lhe seqüência, a Academia contratou uma funcionária (106/196).

(139) 13 de maio de 1982 (104/180-181). Para a acomodação dos livros de Arroyo, foi necessária a aquisição de estantes (104/182 e 105/133).

(140) 105/135 e 106/145 e 174.

(141) 22 de novembro de 1984 (106/154).

(142) 24 de maio de 1984 (106/122). Este procedimento de Taunay não é o único. Várias das obras do Visconde, publicadas pelo filho avulsamente, são trechos das **Memórias** do pai.

(143) 6 de março de 1980 (102/164).

(144) 21 de junho de 1980 (102/176). Insistindo no pedido de suprimento dos claros, é organizada uma relação das obras faltantes, na ordem numérica das Cadeiras, relação essa mandada afixar no quadro de avisos. Às instâncias do Presidente, acudiram vários acadêmicos, ofertando alguns volumes (20 de agosto de 1981; 103/227-228).

(145) 26 de julho de 1979 (101/190).

(146) 3 de fevereiro de 1983 (105/130).

(147) 17 de março e 1º e 15 de setembro de 1983 (105/142, 189 e 191).

(148) 15 de setembro de 1983 e 26 de abril de 1984 (105/192 e 106/116-117). Sobre os entendimentos com o Arquivo do Estado, não há notícias nas Atas.

(149) 13 de junho de 1984 (106/179).

(150) 6 de março de 1986 (107/215).

(151) Sessão extraordinária de 6 de agosto de 1981 (103/223).

(152) 30 de junho de 1983 (105/170).

(153) 15 de junho de 1986 (107/225).

(154) 23 de fevereiro de 1984 (106/106).

(155) 16 e 23 de maio de 1985 (106/174 e 175).

(156) 9 de abril de 1981 (103/208).

(157) **Revista** 106/138, 117, 143, 144 e 168.

(158) 21 de junho de 1979 (101/185).

(159) Francisco Marins **Relatório da 9ª Presidência**, cit., p. 4.

(160) 6 de junho de 1984 (106/157).

(161) 21 de fevereiro de 1980 (102/159). Em sessão anterior, Nogueira Moutinho indagara a respeito da publicação, pela Academia, do material que Rubens do Amaral divulgou sobre ela, na **Folha da Manhã**, durante dois ou três anos". Constitui essa série subsídio importante para a História da Academia (102/157).

(162) 6 de novembro de 1980 (102/208).

(163) 2 de março de 1986 (107/218). Nota curiosa foi a oposição de Afrânio Zuccolotto, com o apoio do presidente Lycurgo de Castro Santos Filho, à participação de acadêmicos nesse tipo de programa (26 de março de 1986, loc. cit.).
(164) 24 de fevereiro de 1983 (105/136).
(165) 24 de abril de 1980 (102/168). Na ocasião, foi lembrada a época em que foi intenso o relacionamento com entidades do interior, destacando-se o empenho de Alcantara Machado e de Rubens do Amaral. Paulo Bonfim propõe, então, "que se designem membros correspondentes em cidades do Interior paulista, de onde poderiam surgir possíveis candidatos às cadeiras acadêmicas" (p. 168/169).
(166) 4 de junho de 1981 (103/216).
(167) 21 de novembro de 1985 (106/204-205).
(168) 24 de abril de 1983 (105/149).
(169) 19 de maio e 9 de junho de 1983 (105/159 e 164) e 17 de maio de 1984 (106/121).
(170) 8 de setembro de 1983 (105/190). O Conselho Português de Artes e Tradições Populares manifestou interesse em manter intercâmbio com a Academia (12 de outubro de 1984, 106/155).
(171) 14 de março de 1985 (106/165).
(172) 4 de outubro de 1984 (106/147). Merece referência o êxito de Rubens Scavone, no segundo período de sua gestão, na implantação de cursos de literatura brasileira, ministrados por acadêmicos e destinados a alunos do terceiro grau, de várias escolas da Capital. Realizaram-se em dois anos consecutivos, com aulas às sextas-feiras.
(173) Nesta transcrição, as aspas, referentes aos períodos de autoria de René Thiollier, foram substituídas por grifos.
(174) Ele próprio, no livro de memórias **Episódios de Minha Vida**, cit., refere-se ao caso; Carlos Alberto Nunes, op. cit., também. Em nossa palestra, proferida em 20 de maio de 1999, sob o título "Momentos Marcantes da História da Academia Paulista de Letras", igualmente abordamos o assunto.
(175) 5 de julho de 1979 (101/186).
(176) 18 de outubro de 1979 (101/203). Em seu pronunciamento, o Presidente esclareceu que, tendo a Comissão optado por não plastificar a capa, determinara que esta providência fosse adotada com relação a alguns exemplares, dado o interesse de acadêmicos em possui-los com esta proteção. Quanto à decisão sobre a apresentação gráfica da capa, Marins manifesta sua intenção de submeter à consideração do plenário a modificação levada a efeito pela Comissão de Publicação, "objetivando possíveis alterações (5 de maio de 1983 (105/153).
(177) 12 de maio de 1983 (105/154).
(178) 25 de fevereiro de 1982 (104/163-1649.
(179) 24 de junho de 1982 (104/190).
(180) 25 de fevereiro de 1982 (104/164). Pedro Ferraz do Amaral reiterou o pedido da sessão seguinte (4 de março, p. 165).
(181) 4 de outubro de 1984 (106/146).
(182) A publicação, mimeografada, traz a nota "Este volume é a continuação do índice geral, vols. 1 a 85, publicado em janeiro de 1978". Trata-se de tomo avulso, não numerado, da **Revista**.
(183) 5 de abril e 13 de setembro de 1979 (101/174 e 199).
(184) 101/199, cit.

(185) 8 de março de 1979 (101/171).

(186) 8 de março, 3 de maio, 7 de junho e 5 de julho de 1979 (101/171, 178, 183 e 187).

(187) 26 de março de 1981 (103/205). O Barão de Piratininga, Antonio Joaquim da Rosa, e Taunay foram editados (volumes 13 e 14 da Coleção), ambos precedidos por estudos de Ernani da Silva Bruno.

(188) 1.º de setembro de 1983 (105/189).

(189) 6 de setembro de 1984 (106/140). O Regulamento foi aprovado (106/143 e 166).

(190) 4 de junho de 1984 (106/126).

(191) 28 de fevereiro de 1984 (106/163). Entre as sugestões apresentadas, figura a de Miguel Reale, relativamente às "obras de Santos Dumont, hoje dificilmente encontradas, fazendo notar que, embora não sendo paulista, está espiritualmente vinculado a São Paulo" (p. 172-173).

(192) 2 de maio de 1984 (106/172). As dificuldades financeiras são ressaltadas por Francisco Marins, na condição de Diretor da Revista, ao afirmar que diante "dos altos custos gráficos da impressão da Revista da Academia" houve necessidade de que "se adiasse o lançamento de mais um número já preparado" (10 de maio de 1984; 106/119). O assunto é ventilado de novo a 7 de fevereiro de 1985 (106/159).

(193) 8 de agosto de 1985 (106/188).

(194) 19 de maio de 1983 (105/159 e 158).

(195) 13 de setembro de 1984 (106/142). Integraram a Comissão Brasil Bandecchi, presidente, Hernani Donato, Pedro Ferraz do Amaral, Maria de Lourdes Teixeira, Ernani da Silva Brunio e Leonardo Arroyo. A Comissão que cuidava da viabilidade do dicionário, encarava a hipótese alternativa de uma antologia, resolveu "dada a inoportunidade da proposta, voltar a tratar do assunto, no ano próximo" (11 de outubro de 1984; 106/149-150).

(196) 11 de abril de 1985 (106/169).

(197) de 6 abril de 1986 (107/219).

(198) 26 de fevereiro de 1981, 22 de junho de 1982, 25 de novembro de 1982 (103/198, 104/195 e 104/225).

(199) 104/206-207; 105/178 e 192; 106/113, 146 e 180.

(200) 14 de julho de 1983 (105/175).

(201) 20 de junho e 11 de julho de 1985 (106/180 e 184).

(202) 14 de fevereiro de 1985 (106/161).

(203) 17 de junho de 1982 (104/188).

(204) 20 de junho de 1985 (106/180).

(205) 6 de setembro de 1984 (106/141).

(206) 9 de maio de 1985 (106/173).

(207) 18 de outubro de 1984 (106/149).

(208) 25 de outubro de 1984 (106/150).

(209) 22 de novembro de 1984 (106/154).

(210) 25 de outubro, cit.

(211) 17 de outubro de 1981, cit.

(212) 1.º de outubro de 1981 (103/241-142). A última notícia que se tem a respeito do paradeiro das estátuas foi dada por Bandecchi, ao informar que um engenheiro da Prefeitura estava encarregado de efetuar as buscas, do que resultara o encontro do busto de Bilac (p. 254). Há ainda o registro de ofício da União Paulista de Educação ao Prefeito da Capital, pleiteando seja atribuído o nome de Álvares de Azevedo a uma rua ou praça pública de realce" (17 de setembro de 1981; 106/236).

(213) 14 de junho de 1983 (105/174).
(214) 14 de junho de 1984 (106/126).
(215) 11 de agosto de 1983 (1105/183).
(216) 2 de agosto de 1984 (106/134). É interessante a lembrança de Paulo Bonfim de que "há 50 anos, no Centro Acadêmico XI de Agosto, (...) o hoje Corregedor Geral da Justiça, Desembargador Adriano Marrey, então jovem de 17 anos, fez um pronunciamento no qual propunha in "proclamar-se o Estado Livre do Largo de São Francisco" (20 de março de 1980; 102/166).
(217) 8 de setembro de 1983 (105/190).
(218) 6 de setembro de 1984 (106/142).
(219) 7 de março de 1985 (106/163-164).
(220) 22 de julho de 1982 (104/194). A idéia da trasladação partiu da Prefeitura Municipal de São José do Rio Pardo, do Grêmio Euclides da Cunha e outras entidades culturais da mesma cidade.
(221) "Homenagem a Euclides da Cunha" (104/201-202 e 19 de agosto de 1982; 104/202-203).
(222) A carta de Honório de Sylos, datada de 2 de novembro de 1979, está reproduzida na Revista (100/157-160). São dela os trechos transcritos, tanto de seu Autor, quanto da Inojosa. A divulgação da carta aludida, repercutiu no plenário, através de Paulo Bonfim (8 de novembro de 1979; 101/206).
(223) "Gilberto Freire em carta aberta a Honório de Sylos" (102/148-149).
(224) "Cordeiro e a Revolução de 32" (100/153-155). Em outra oportunidade, a propósito do Movimento Constitucionalista, é destacada a participação "de todas as camadas sociais, não apenas de uma elite estudantil", por Afrânio Zuccolotto; e da classe operária, quer na retaguarda (Mário Donato), como alistando-se nos corpos combatentes (Hernani Donato); manifestaram-se, ainda, Ernani Silva Bruno, Miguel Reale e Francisco Marins (21 de fevereiro de 1985; 106/162).
(225) "Sessão Comemorativa do 48º aniversário da Revolução Constitucionalista de 1932" (10 de julho de 1980, 102/179-181). A palestra de Pacheco e Silva, "Ainda e sempre Ibrahim", está publicada na **Revista** (100/142-145).
(226) 104/190-191.
(227) 101/79-98.
(228) 101/66-78, 99-103 e 140-105.
(229) 26 de setembro de 1985 (106/197). Na mesma ocasião, Leite Cordeiro comunica que a Sociedade Veteranos de 32 - MMDC enviara protesto ao Governador do Estado, no que seria acompanhada por várias entidades culturais, como o Instituto Histórico e Geográfico de São Paulo e a Academia Paulista de História. A reparação teria sido feita, através de nova edição do jornal **Educação Democrática**, com a supressão da parte alusiva ao pretenso separatismo (105/205). O dano, porém, já estava perpetrado, com a distribuição de 500.000 exemplares.
(230) Carta de Joaquim Nabuco a Machado de Assis, datada de Londres, 8 de outubro de 1904 (**Revista Brasileira**, Fase VII, 19:139, Rio de Janeiro (abril-maio-junho de 1999).

CADERNO DE ILUSTRAÇÕES

Nota - Salvo a **Lembrança da Sessão Inaugural**, que pertence ao Autor, as demais peças, cujas reproduções ilustram o trabalho, integram o acervo da APL. Fotos de Paulo Ramos Machado.

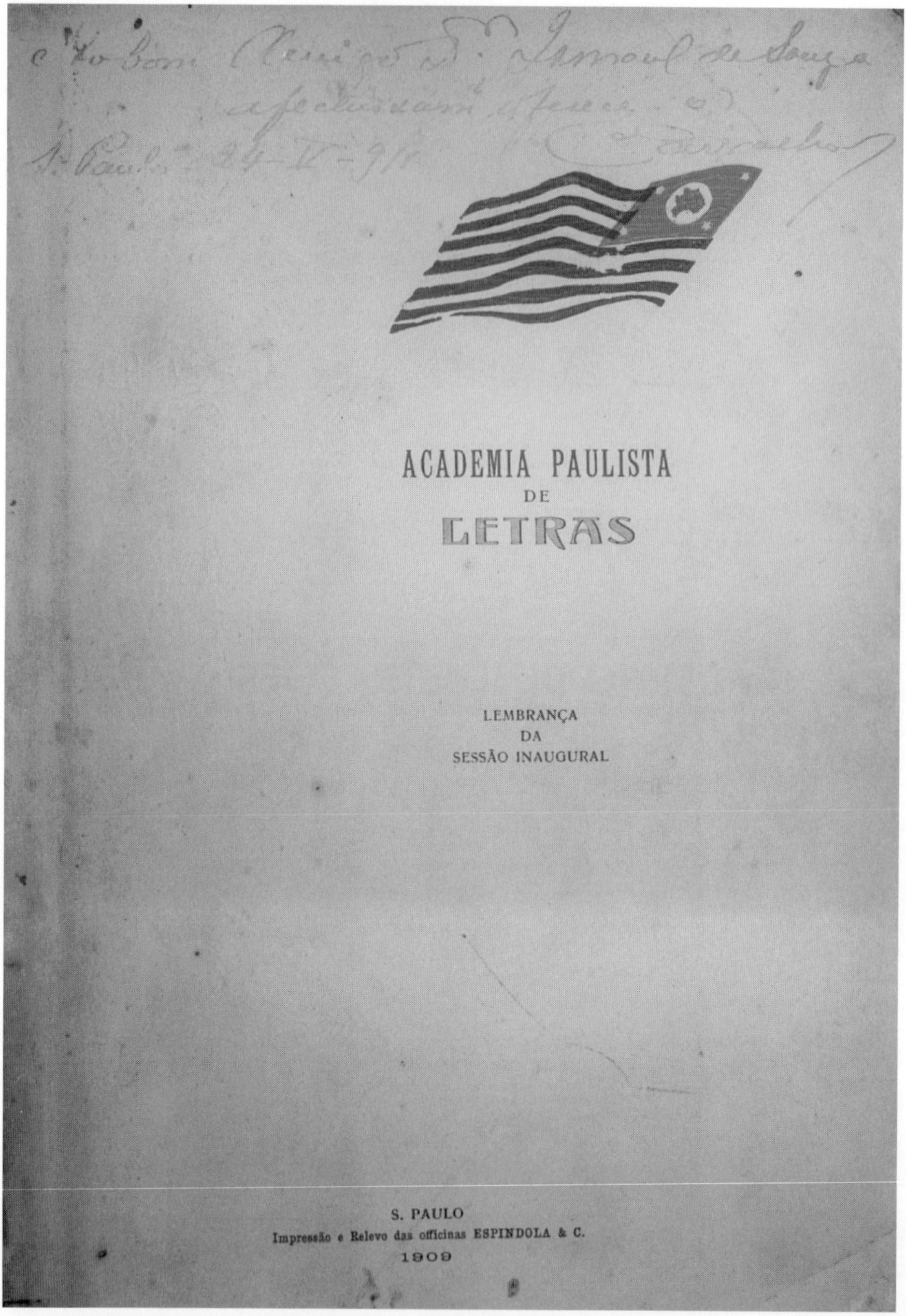

Capa do volume ***Academia Paulista de Letras**. **Lembrança da Sessão Inaugural**, elaborado por Joaquim José de Carvalho, seu Secretário Geral.*

Detalhe da capa do volume ***Lembrança da Sessão Inaugural****, destacando-se a dedicatória feita por J.J. de Carvalho e a Bandeira Paulista, em cores, seu único ornamento.*

Joaquim José de Carvalho, idealizador da Academia Paulista de Letras (Fotografia constante da ***Lembrança da Sessão Inaugural****).*

Medalha Acadêmica, em sua provavelmente primitiva versão. (verso e reverso)

Grupo de Acadêmicos durante almoço no restaurante do Mappin Stores, a 5 de setembro de 1936, época em que a academia não dispunha de sede e se reunia, com freqüência, nesses ágapes. No sentido horário: Altino Arantes, Alcantara Machado (presidente), Otonel Motta, Plínio Ayrosa, Oliveira Ribeiro Neto, Cassiano Ricardo, René Thiollier (Secretário Geral), Menotti Del Picchia, Candido Motta Filho, jornalista Margarida Isaar, Rubens do Amaral, Manuel Carlos de Figueiredo Ferraz, Ulisses Paranhos, Spencer Vampré e Monteiro Lobato; de costas: Eugênio Egas e Navarro de Andrade.

Outro grupo de Acadêmicos, no restaurante do Mappin Stores. Da direita para a esquerda, sentados: Navarro de Andrade, Ulisses Paranhos, Waldomiro Silveira, o presidente Alcantara Machado, Altino Arantes, Eugênio Egas e Afonso de Taunay.
Em pé: Otoniel Motta, Rubens do Amaral, Candido Motta Filho, Cassiano Ricardo, Menotti Del Picchia, Guilherme de Almeida, René Thiollier e Oliveira Ribeiro Neto. (v. p. 63).

Construção existente no terreno onde se ergue o Edifício sede da APL, no Largo do Arouche. Este prédio e respectivo terreno foram objeto da doação feita pelo Interventor Fernando Costa (1941), doação essa concretizada pelo Embaixador Macedo Soares, quando Interventor do Estado (1946).

Medalha Comemorativa da Inauguração do Edifício sede, no Largo do Arouche, 1954.
(Verso e reverso)

Emblema da Academia concebido pelo artista plástico e heraldista José Wasth Rodrigues, datado de fevereito de 1939, que assim o descreve: "De azul, rosa de ouro hasteada, folhada de acantho do mesmo, encimada de uma fita de prata com as palavras Ultima flor do lácio, em letras de negro".

Medalha Acadêmica, ostentando a Flor de Ouro com realce nas bordas das pétalas em esmalte azul escuro, que pertenceu ao Acadêmico Ulisses Paranhos, quando titular da Cadeira nº 5. (verso e reverso).

Grupo de Acadêmicos em 1979
Da esquerda para a direita, sentados: Edmudo Vasconcellos, Ataliba Nogueira, Oliveira Ribeiro Neto, Francisco Marins (presidente), Maria de Lourdes Teixeira, Ernesto Leme e Pedro Chaves. Em pé: Geraldo Vidigal, Pe. Hélio Viotti, Paulo Bonfim, Nogueira Moutinho, Fernando Góes, Tito Lívio Ferreira, Lycurgo de Castro Santos Filho, Leite Cordeiro, Afrânio Zuccolotto, Pedro Ferraz do Amaral, Leonardo Arroyo, Raymundo de Menezes, Honório de Sylos, Pacheco e Silva e Osmar Pimentel.

OS TESOUROS DO ARQUIVO
Acervo de mais de 900 peças

Erwin Theodor

Segundo a etimologia, *arquivo* procede do grego *archeion*, tendo a palavra na origem sido entendida como "base" ou "centro" do poder, pois denota, na tradução linear, a "sede da prefeitura", isto é, o núcleo administrativo de qualquer comunidade. Desde muito cedo, porém, passou a definir o local onde se depositavam documentos de toda ordem, inclusive instrumentos escritos de natureza vária, tais como atas, escrituras, títulos, senhas, instruções e outras peças documentais, colocadas à margem dos registros e processos em curso, mas necessários à execução normal de atividades burocráticas, às quais era forçoso recorrer, sempre que se tratasse de verificar precedentes, evoluções processuais, comprovantes de comportamentos humanos. E não demorou muito até que todos e quaisquer documentos, que não fossem de consulta nem imediata e nem contínua, mas aos quais se atribuía valor intrínseco ou que deveriam ser classificados por algum motivo especial, viessem a ser designados como "peças de arquivo".

Os *arquivos* surgiram entre todos aqueles povos que conheciam pelo menos uma forma escrita de sua língua, o que nos leva a considerar mesmo monumentos do tipo da pedra da Roseta, encontrada em 1799 no delta do Nilo e conservada no "Museu Britânico" de Londres, como "arquivo", uma vez que ostenta decreto sacerdotal de 196 a.C. em escrita denominada hieroglífica (a tradução de *"hieróglifos"* corresponde literalmente a "entalhes sagrados", mas pretende dar a idéia de "sinais da língua divina"), já traduzido para a escrita demótica ("a escrita dos livros") e apresentando, ainda mais, o texto todo na correspondência grega. Os antigos povos do Oriente, bem como os gregos e os romanos, conheciam e valorizavam a existência dos *arquivos*, tendo o Imperador Carlos Magno, por volta dos fins do século oito, tratado de sistematizar a introdução dos mesmos nas suas terras, vindo pouco depois os mosteiros a desempenhar a função arquivária no mundo ocidental. Pode dizer-se, pois, que onde quer que existam agrupamentos humanos civilizados aparece a necessidade manifesta de conservar documentos, de cuja consulta, de acordo com os contemporâneos, os pósteros poderão derivar ensinamentos, conhecimentos ou elucidações. Destinam-se, ademais, a preservar a história de povos e instituições.

Sendo assim, é natural que também a Academia Paulista de Letras, cuja existência vem de completar noventa anos, tendo sido instituída por vários dos mais representativos, tradicionais e cultos membros da sociedade paulista e brasileira, cuidasse de estabelecer o seu *Arquivo*, para reunir não apenas elaborações de seus membros, tais como cartas, diários, poemas, originais de livros, de ensaios e trabalhos de pesquisa, mas também documentação vasta e valiosa, abrangendo os múltiplos aspectos da vida cultural do País, em escritos de caráter variado. Além de muitas reproduções de valor, conservam-se ali 923 peças inéditas do nosso passado cultural, de extrema importância não apenas quando se trata de avaliar o legado de ilustres antepassados, mas, e principalmente, para a compreensão exata da história de nossa cultura e civilização. Constituem um achado de valor inestimável para pesquisas futuras, o que justifica esta sua primeira, embora parcial apresentação.

Coube ao Acadêmico Leonardo Arroyo, ocupante da Cadeira 21, a iniciativa de coligir entre os anos de 1970 a 1984 os documentos iniciais num Arquivo, cuja organização havia idealizado. Abarcou as peças que fundamentavam a própria criação da entidade, bem como o seu embasamento legal e histórico. Ao mesmo tempo, recebeu e reuniu documentos doados por seus confrades, quer se tratasse de cartas de pessoas ilustres do Brasil e do Exterior, de obras escritas por eles ou seus antecessores, ou de produções poéticas e de prosa de muitos dos mais destacados autores paulistas. Depois de seu prematuro desaparecimento em 1984, incumbiu-se o então Presidente da Academia, o saudoso Acadêmico Lycurgo de Castro Santos Filho (Cadeira 23), falecido em 1998, de continuar-lhe a obra, ampliando significativamente o repositório documental da Academia e dando-lhe uma primeira classificação. Estabeleceu um sistema de compilação sistemática dos papéis reunidos e apenas iniciara o levantamento individual quando, sob a pressão de mais urgentes encargos, transmitiu ao autor destas linhas a missão de continuar o trabalho.

Foram avaliados os multímodos problemas a serem enfrentados na execução deste empreendimento, a começar da escolha da maneira mais adequada de compilar e agrupar a documentação existente, composta de 923 peças originais (livros em prosa, peças dramáticas, poemas, cartas e bilhetes avulsos, em sua maior parte manuscritos inéditos) e de aproximadamente outros duzentos textos raros, (reproduzidos em forma de facsímiles, fotocópias ou simples "xerox"). Desiderato desta publicação é oferecer uma perspectiva de alguns dos principais entre esses documentos a integrarem hoje o *Arquivo* da Academia Paulista de Letras. Optamos pela divisão do material em três períodos históricos: até fins do século dezenove; até 1945; e de então até hoje, mantendo entretanto reunidas as peças de um mesmo Autor, apresentadas de acordo com a sua presença cronológica no conjunto conservado, e esperamos, assim, poder oferecer uma idéia inicial do caráter multifário dos principais documentos existentes. Para ilustrar o valor das peças conservadas, são apresentados (por inteiro ou parcialmente) exemplos ilustrativos de documentos, sendo todos reproduzidos na linguagem original, conservando a ortografia e pontuação em que se encontram.

1) *Até fins do século dezenove:*

Entre os documentos arrolados, destaca-se uma carta, escrita por Maria Doroteia Joaquina de Seixas, inspiradora da incomparável **Marília** de **Dirceu**, dirigida ao Brigadeiro Carlos José de Mello em abril de 1832, quando Tomaz Antonio Gonzaga já era falecido havia mais de um quarto de século e ela própria contava 65 anos. Trata-se, comprovadamente, do original da época, manuscrito pela própria, que aqui se assina Maria, transcrito a seguir na ortografia original:

Ao Ill.mo Sn.r. Brigadeiro
Carlos Jozé de Mello meu
mano e S.nr
Rio de Janeiro

"Meu querido Compadrinho do Coração
12 de Abril de 1832

A m.to tempo não tenho o gosto de receber letras Suas. Creio que está de todo mal Commigo o q. na verd. sinto enfinito por todas as rezoins pois bem Sabe q. Sempre fui sua Amiga e por isso vou a pedir-lhe que me de noticias Suas, da Mariquinha e dos mais meninos, a qm. mto. Saudozamente comendo e o mesmo faz Xiquinha, nos ficamos boas porem Sempre Solitarias e por isso pouco alegres.

Mando me dizer a Snra. D. Ignacia q. meu Compadrinho quer hir pa. Portugal / não permita D.s tal / digame Se he assim.

Aqui veio hu Ingles q. quer comprar a Sua Escrivaninha de madeira q. ca está, digame Se a quer vender e por coanto, e da mesma forma os trastes q. aqui estão.

Eu cobrei 35 milrs. q. estava na Contadoria pertensente a meu. Pois, queira dizer me a q.m hei de entregar o q lhe pertence. meu Sobrinho Jozé dexou aqui 9 mil.res.pa. São Fran.co porem a conta he de 13 mil e tanto e por isso inda ser-resta 4 mil e tanto q. os darei com ordem Sua.

Digame tambem q. noticias tem do mano Joze e o meu querido aseite o Coração saudozo

De Sua
mana e Com.o am.te e obrd.a
(assinado) Maria

Eis, assim, carta de 1832, que surpreende pela objetividade e racionalidade que guiou a missivista no seu contato humano. De época ainda anterior são um bilhete e uma carta de D. Pedro I, de 1827 e 1828, respectivamente, dirigidos à Marquesa de Santos, reveladores da paixão do Soberano, e um outro bilhete, autografado pelo mesmo, todos originais, doados ao Arquivo pelo Acadêmico J.F.(Yan) de Almeida Prado (Cadeira 18). A carta, possivelmente inédita, eis que não figura na seleção de cartas de D. Predo I à Marquesa de Santos, publicada por Francisco de Assis Cintra no livro *D. Pedro I e o "Grito da Independência"*, vai aqui transcrita, porque revela indiretamente a pressão sofrida pelo soberano quando, viúvo, procurou manter a posição de sua amada Marquesa na Corte Imperial:

"Minha Querida Marqueza. Muito dezejo que goze de perfeita saude, e de tão perfeita como eu dezejo p. mim, e para meus filhos: peço-lhe que acredite que estas minhas expressoens são filhas do Amor que lhe consagro, e consagrarei attento as relaçoens tão intimas que tivemos. Eu sempre sou o mesmo homem, estar longe ou estar perto não me faz diferença p. mostrar-lhe huma verdadeira pura, sincera e cordial Amizade: Eu não seria homem digno de existir neste mundo se assim não pensasse. Eu estou, Deus louvado, de saude, a Paula já anda e vai à caza de fora, as mais e o Pedro estão bons. A Duqueza mui esperta e cada vez mais galante, e a Maria igualmente, e já quer andar só.**Eu lhe asseguro que jamais me esquecerei quando for tempo de lhe mandar dizer que venha p. sua caza** gozar mui descançada do q. he seu e muito seu, e então pelo socego em que hade estar conhecerá a necessidade que havia desta sua sahida temporaria da Corte. Vou tratar de mandar começar a arranjar o seu Jardim e espero que ficará mui bom, e a seu gosto.

Aceite os protestos da maior mais pura sincera, e dezenteressada Amizade com q sou

Querida Marqueza

Seu Amigo q mto a estima, e estimará

Imperador.

Boa Vista, 23 de julho de 1828.

Pertencem ao mesmo grupo de documentos várias *cartas familiares*, escritas entre 1816 e 1818 por Ferdinand Denis (1798-1890), autor do alentado estudo *Brésil*, publicado pela editora Firmin Diderot Frères, em Paris, em 1838, juntamente com duas outras partes, sobre a Colômbia e as Guianas, essas de autoria de M.C.Famin (*Brésil, Colombie et Guyanes*). O mesmo Denis escreveu em 1824 outra obra, bem do gênero de naturalista da época, as *Scènes de la Nature sous les Tropiques*, destacando-se também Auguste de Saint-Hilaire na mesma área de estudos, que publicou, em 1830, a *Voyage dans les Provinces de Rio de Janeiro et de Minas Gerais,* à qual seguiriam outras publicações sobre o Brasil, sempre

Minha Querida Marqueza. Muito dezejo
que goze de perfeita saude, e de tão per-
feita como eu dezejo p.ª mim, e para me-
us filhos. peço-lhe que acredite que estas
minhas expressoens são filhas do Amor
que lhe consagro, e consagrarei attentas
as relaçoens tão intimas que tivemos.
Eu sempre sou o mesmo homem es-
tar longe ou estar perto não me faz
diferença p.ª mostrar-lhe huma ver-
dadeira, pura, sincera, e cordial A-
mizade: Eu não seria homem di-
gno de existir neste mundo se as-
sim não pensasse. Eu estou bem
bom, de saude a Paula já anda
e vai á caza de fora as mais, e o Pedro
estão bons. A Marqueza mui esperta, e
cada vez mais galante, e a Maria
igualmente, e já quer andar só.

V. M.

Eu lhe asseguro que jamais me es-
quecerei quando for tempo de lhe
mandar dizer que venha p.ª sua caza
gozar mui descansada do q. he
seu, e muito seu, e então pelo
socego em que hade estar conhe-
cerá a necessidade que houve des-
ta sua sahida temporaria da Corte.
Vou tratar de mandar começar
a arranjar o seu jardim, e espero
q. ficará mui bom, e a seu gosto.

Aceite os protestos da maior mais
pura sincera, e dezinteressada Amizade
com q. sou

Querida Marqueza

Seu Amo q. mt.º a estima, e estimará

O Imperador.

Boa Vista 27 de Julho
de 1828.

editadas em Paris. Dele, que esteve no Brasil de 1816 a 1822, o *Arquivo* abriga treze cartas originais, escritas entre 1811 e 1847, algumas das quais diretamente relacionadas com o nosso país. Ferdinand Denis, que aqui passou quinze anos (1816-1831), faleceu muito idoso em Paris, no ano de 1890, após ser condecorado Oficial da "Legião de Honra" e nomeado Diretor-honorário da Biblioteca de Santa Genoveva. Sabe-se que sua grande coleção de livros e documentos manuscritos e autógrafos, foi vendida em 12 de janeiro de 1891, dela fazendo parte meia dúzia de cartas familiares mandadas por Denis do Brasil à França, enquanto se encontrava no nordeste brasileiro, notadamente na Bahia. Uma dessas cartas (datada da Bahia, em 4 de maio de 1818) apresenta o seguinte início:

> *"Mes bons Parents,*
> *C'est un peu ma faute si vous ne recevez pas par cette occasion, un gros paquet de Correspondance comme de coutume, mais les vents étaient depuis quelques jours tout à fait contraires pour sortir de la Baie et au moment où nous Nous y attendions le moins ils viennent de changer; de sorte que le Navire qui doit porter ma lettre, va partir ce matin même, et ne me laisse que peu d'instants pour m'entretenir avec vous. Fort heureusement une occasion de vous ecrire plus longuement ne tardira pas à s'offrir.(...)"*

Auguste de Saint-Hilaire(1779-1853) ilustre botânico francês, conheceu o Brasil de 1816 a 1822 e foi, sem dúvida, ao lado de Carl F.Ph. von Martius(1794-1868), quem mais contribuiu na Europa para o conhecimento de nossa flora. Entre suas mais notáveis publicações figura a "Flora Brasiliae Meridionalis", escrita em colaboração com Jussieu e Cambessedés, publicada em Paris de 1824 a 1833. No Brasil, Saint-Hilaire viajou por diversas províncias, que correspondem em nossos dias aos estados do Rio de Janeiro, Espírito Santo, Minas Gerais, Goiás, São Paulo, Paraná, Santa Catarina e Rio Grande do Sul. Dele, o *Arquivo* abriga treze cartas, magnificamente conservadas.

Foi ainda o Acadêmico J.F. (Yan) de Almeida Prado quem enriqueceu o Arquivo com um legado de cartas em inglês, destinadas à avaliação de momentos históricos de importância para os primeiros anos de nossa Independência. Trata-se de oito cartas originais, muito bem conservadas, assinadas por Sir George Eyre, Vice-Almirante inglês, comandante das Forças Navais inglesas na América do Sul, enviadas a Lord Melville, Primeiro-Lorde do Almirantado Britânico, entre 15 de janeiro de 1824 e 10 de maio de 1825. Figuram igualmente três respostas de Lord Melville, dirigidas a Sir George Eyre, em 4 de fevereiro e 7 de abril de 1824 e em 4 de março de 1825 e, ainda, cópia conteporânea de uma carta de John Hesketh, cidadão inglês que vivia no Pará em 1823, tendo redigido carta no dia 24 de outubro, após acontecimentos que culminaram com a insurreição de militares e o saque da cidade. Um capitão, de nome Grenfell, atacou com 40 marujos os amotinados, aprisionando bom número deles. Mas os prisioneiros mais tarde, embarcados num barco de nome "Deligente", entrechocaram-se, estrangulando e matando após torturas inúmeras uns aos outros. Só quatro escaparam do morticínio, que recebe seu talvez único relato autêntico através de uma carta conservada no Arquivo da Academia Paulista de Letras.

Iniciamos, contudo, com trecho interessante de uma carta do Vice-Almirante Eyre, instalado no Rio de Janeiro, dirigida ao Lorde do Almirantado em Londres, que oferece uma avaliação do caráter e do comportamento do imperador D.Pedro I:

> *"The Emperor is going on very steadily & his conduct, on many occasions, appears to me to evince no want of ability or good sense, altho' there is sometimes a capriciousness in it, quite unaccountable, much must be attributed to a very deficient education & want of information, with a temper hasty, impetuous & despotic, and from what I can understand, his ministers are unfortunately too much afraid of him to venture at any opposition of his will, & are obliged to submit occaionally to very contemptuous treatment..."*

Segue parte da outra carta mencionada, de John Hesketh, do dia 24 de outubro de 1823, enviada do Pará (Belém), de 4 páginas de extensão, tendo os acontecimentos relatados se verificado entre os dias 17 e 20 de outrubro do mesmo ano. A culminância daqueles eventos é descrita no final do documento:

> *"On the 20th the decimated troops were marched out of prison handcuffed, and embarked on bord a Ship called the Deligente. On the evening of the same day at 10 o' clock at night the most horrid catastrophe that ever any one heard of took place on board the said Ship.*
> *The Prisoners in number of 250 fell out amongst each other, and strangulated, and otherwise murdered each other so that out of the whole only four escaped alive; one survived but a short time, making the number of five, but soon died in the Hospital. Captain Grenfell ordered his men to fire down into the hold to see if it would have any effect, which fire it is supposed shot the last of them. - The Prisoners had it appears attempted to break the hatches open, for which purpose they had got the Cable on their backs, but finding that they could not reach, they strangulated all the Europeans, and piled all the dead bodies up to stand upon.*
> *No words can describe the aspect of the hold; some were found hanging, in the Hammock strings, some with their testicles all torn asun-*

Rio Janeiro May 14. 1824.

My Lord

Having received no information of what proceedings had been resolved upon respecting the unpleasant dispute between Capt. Willes and the Government of Buenos Ayres, I am at a loss to judge how it has terminated; In a conversation I had with Mr Parish (the new Consul General for that State) I was sorry to find that he had brought no instructions upon the subject, and that it was considerd by the department under which he acts, merely a Naval transaction, whether any instructions were sent to him after Sir Thos Hardy's arrival in England, I dont know, but I must own I should be very sorry for the subject to drop without any explanation whatever, as I cannot but think that the conduct of the local authorities was rude & violent to a degree which the circumstances did not justify; a breach of their port regulations might be a fair subject for remonstrance or complaint, but I think not for the offensive measure of ordering Capt: Willes to leave the town at a moments warning, & which was the case three days before he had recourse to any act of hostility; I am only apprehensive that forbearance beyond a certain point will encourage that tendency

to arrogance which all these new States seem very prone to, 12
and which, regardless of consequences, would not scruple to quarrel with any Power, sooner than give way in the smallest degree, even where common decorum or the custom between civilized Nations required it. – I directed Sir Murray Maxwell, during his continuance at Monte Video, & that neighbourhood, to avoid all communication with Buenos Ayres, unless imperious circumstances required it, & that not from resentment of the treatment of Capt. Willes, but to prevent any unpleasant occurrence till the affair had been settled by proper authority, but I am now rather at a loss to know what line of conduct to pursue. –

The Emperor is going on very steadily & his conduct, on many occasions, appears to me to evince no want of ability or good-sense, altho' there is sometimes a capriciousness in it, quite unaccountable, much must be attributed to a very deficient education & want of information, with a temper hasty, impetuous, & despotic, and from what I can understand, his ministers are unfortunately too much afraid of him to venture at any opposition of his will, & are obliged to submit occasionally to very contemptuous treatment; Every thing in this part of the Empire is perfectly tranquil, & will probably continue so till the meeting of the new States General, when much will depend upon the composition of that assembly.

The Emperor is personally extremely active, looking minutely into every transaction, & visiting, at all hours, various works going forward, of which there are several, as well of fortification (chiefly for the approaches to the Town & the defence of Landing places) as of others — He pleased the people very much a short time ago by his exertions when the Opera House was on fire, forbidding the Vivas or any other notice of him, & desiring the whole attention might be given to the great object of saving the building, but which was burnt to the ground notwithstanding all his efforts. He rides about a great deal, & (until lately, her situation making it inconvenient) the Empress almost always with him, frequently without

I did not think it sufficient to transmit to the Board, & it is possible that the account may have reached your Lordship in a more direct way, but it is the only circumstantial narrative I have seen of a transaction I think the most horrible I ever heard or read of; for whatever colouring may be given to it, I can feel no doubt that the conduct of those poor wretches, when in the hold of the ship, was the effect of phrensy & despair; they were all of one party or faction, & therefore not likely to begin fighting with each other, & when we consider their situation in such a climate, the result is not surprising. —

We have no accounts of the Merseys arrival in the Pacific, altho' the last accounts from Valparaiso would have given her seventy six days, which is a very unusually long passage. —

I have the honor to be My Lord
Your Lordships very Obedient Servant
Geo: Eyre

der, some with their Eyes perforated, in short death in all its forms, and what is most remarkable not a single instrument, or weapon of any kind - the four that escaped stowed themselves under some water Casks, and Cordage...."

Menção cabe agora a documentos individuais, tais como à carta em que Frei Leandro do Sacramento agradece em 1827 ao "Instituto Colombiano" por têlo tornado seu Sócio, além da folha sumamente valiosa e inédita ("esparsa", conforme a intitulou o Acadêmico Afonso Escragnolle Taunay), não mencionada na publicação da "Nobiliarquia Paulistana" (em três volumes), nem na de Silva Leme, "Genealogia Paulistana" (em nove volumes), escrita por Pedro Taques. Também fazem parte dois requerimentos, enviados em 2 a 9 de abril de 1853 ao Conselheiro Diogo Soares da Silva de Bivar para que desse acolhimento ao pedido de apresentação de peças de teatro, especificamente da comédia "O Chapéu de Palhinha da Itália.". O último desses requerimentos, escrito e firmado por João Caetano (dos Santos), assim se apresenta:

"Desejando fazer representar amanhaã no theatro de S. Pedro a Comedia - O Chapeo de Palhinha de Italia - vou encarecidamente rogar a V. Exa. o favor de conceder a licença precisa; e no caso de depender ella do Snr. Chefe de Policia, V. Exa. me mandará dizer para lhe ir fallar.
Muito obrigará V. Exa. com este obsequio ao
Seu Amº Obr. (ass.) João Caetano dos Stos.
9 de Abril 1853

Entre outras preciosidades, acha-se conservado também boletim de 1843, de uma página impressa, intitulado *Negócios de S. Paulo,* em defesa do Conselheiro José Carlos Pereira de Almeida Torres, então presidente da Província, bem como o volume das poesias de Émile de Girardin, de nome poético Delphine Gay, um livro que pertenceu a Álvares de Azevedo, conforme o próprio poeta atesta em sugestiva inscrição. Número maior de documentos data da segunda metade do século dezenove, assim álbuns e papéis, autógrafos e documentos oficiais relacionados com parentes de Eça de Queirós, que vieram ao Brasil, ressaltando entre eles um primo-irmão de Eça, Policarpo Teixeira d' Almeida Queiroz, avô do acadêmico Amadeu de Queirós (Cadeira 5), cuja filha Margarida doou ao Arquivo rica coleção de documentos. Vários manuscritos de trabalhos de ficção de Amadeu de Queirós (contos e novelas) além de poesias e trovas folclóricas, bem como fotografias da família fazem, igualmente, parte do acervo. O Patrono da Cadeira 19 da Academia, Antonio Joaquim da Rosa, Barão de Piratininga (1820-1886), autor de "A Cruz de Cedro", assumiu, na qualidade

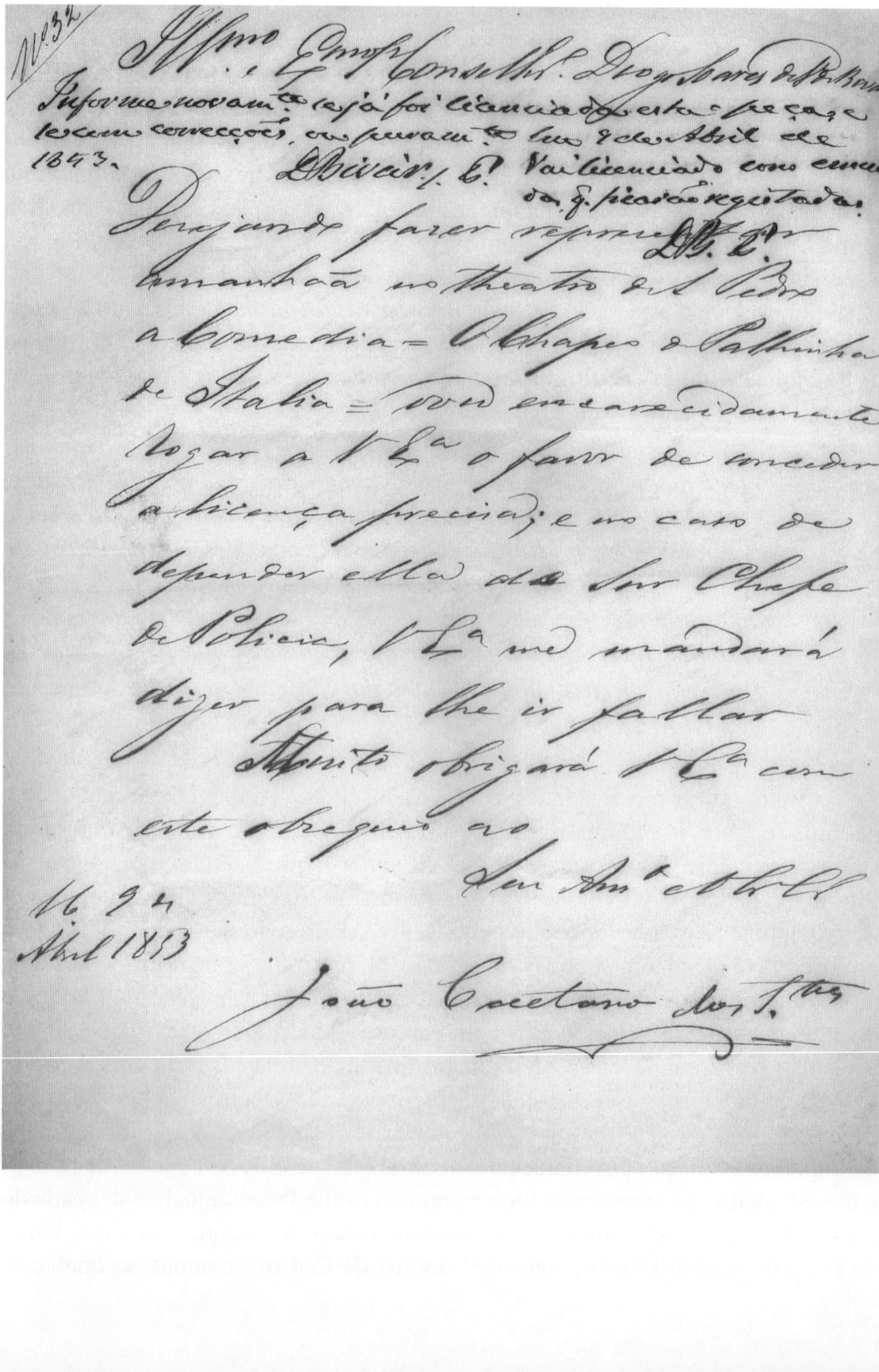

Nº 32

Illmo e Exmo Sr Conselhro Diogo Soares da Silva de Bivar

Informe novamte se já foi licenciada esta peça e se com correcções, ou puramte. Rio 9 de Abril de 1853.

D. Bivar. / E. Vai licenciado com emenda q. ficarão regeitadas. D. B. E.

Desejando fazer representar amanhaã no theatro de S. Pedro a Comedia = O Chapeo de Palhinha de Italia = venho encarecidamente rogar a V. Exa o favor de conceder a licença precisa; e no caso de depender ella do Snr Chefe de Policia, V. Exa me mandará dizer para lhe ir fallar.

Muito obrigará V. Exa com este obsequio ao

Seu Amº e Obrº

Rio 9 de Abril 1853

João Caetano dos Stos

de terceiro vice-presidente da "Assembléia Legislativa Provincial" de São Paulo, o governo da Província de São Paulo (se bem que por poucos dias apenas) no ano de 1869 e, ao encerrar as suas funções, redige um *Relatório*, dirigido ao então primeiro vice-presidente, José Elias Pacheco Jordão, que aqui vai transcrito:

> *"Tendo no dia 25 do corrente mez assumido o exercicio da administração desta provincia, na qualidade de 3º vice-presidente, comprehende v. exc. que em tão curto periodo, ser-me-hia impossivel elaborar um relatorio sobre o estado da mesma provincia, não só porque nesse pequeno espaço nada pude fazer, como porque, inexperiente e sem a menor pratica administrativa, faltavão-me as precisas habilitações que devem caracterisar o administrador.*
>
> *Assim pois limito-me a apresentar a v.exc. o noticioso e importante relatorio que me foi apresentado pelo digno e illustrado presidente, o exm. sr. barão de Itaúna, ao passar-me a administração.*
>
> *Nesse relatorio encontrará v. exc. noticias detalhadas, minuciosas e interessantes sobre os diversos ramos do serviço publico, noticias a que v. exc. dará a devida consideração.*
>
> *Nos poucos dias do meu exercicio administrativo procurei, quanto me foi possivel, satisfazer a uma das mais palpitantes necessidades da provincia, o melhoramento das vias de comunicação.*
>
> *Sendo a nossa provincia essencialmente agricola, entendi que nada era tão digno de occupar a attenção da presidencia como curar dos meios de facilitar o transporte dos seus productos para os portos de mar.*
>
> *Se eu tivesse de continuar na administração, que hoje tenho a honra e o prazer de passar a v.exc., empenharia toda a minha actividade e esforços em dar a este importantissimo ramo do serviço publico o maior possivel desenvolvimento.*
>
> *Felizmente, porém, v.exc. como Paulista, e conhecedor da provincia, fará com igual empenho convergir sua illustrada attenção para um objecto por todas as faces interessante, já considerado como o principal agente civilisador, e já como a mais poderosa garantia do progresso individual e da riqueza publica.*
>
> *Sendo as obras publicas feitas a expensas do povo, que as sustenta por meio dos impostos, entendi que o principal fiscalisador dellas devia ser o mesmo povo, interessado para que os seus sacrificios sejam applicados em seu beneficio.*
>
> *Neste intuito, determinei ao thesouro provincial que mandasse publicar na folha official todas as ferias de despezas feitas com estradas e outras obras publicas, que fossem apresentadas para pagamento ao mesmo thesouro ou ás estações fiscaes das differentes localidades.*

Taes são as informações que posso dar a v. exc.

Permitta-me porém v.exc. que não termine este offício sem agradecer e louvar ás repartições publicas da capital e aos seus dignos chefes que com a melhor vontade coadjuvarão a minha curta administração, fazendo especial menção dos empregados da secretaria e do seu digno chefe o dr. João Carlos da Silva Telles, que, conforme as honrosas tradições que delles tinha, manifestarão pericia, amor ao trabalho e verdadeira dedicação pelo serviço publico.

Felicitando nossa bella e cara provincia por ficar sua alta administração confiada a v.exc., a quem sobrão illustração e practica administrativa, concluo apresentando a v.exc. os protestos de minha cordial e distincta consideração.

Deos guarde a v.exc.

Ilm. e exm. sr. dr. José Elias Pacheco Jordão, 1º vice-presidente da provincia,

O 3º vice-presidente
Antonio Joaquim da Rosa".

Entre outras peças de sumo interesse sejam mencionados: 1) a cópia do Testamento da Marquesa de Santos, do ano de 1862, 2) o livro que D. Pedro II redigiu para aconselhamento de sua filha, a Princesa Izabel, 3) a carta, redigida em italiano, por D. Pedro II e dirigida no ano de 1874 ao Cavaliere de Rossi que igualmente figuram entre os guardados, bem como 4) um manuscrito de Ernest Renan, que em Paris escreve no dia 29 de dezembro de 1871 carta a um seu confrade da Academia Francesa de Letras (Paris), cujo início não podemos subtrair do conhecimento público:

> *"L' empereur du Brésil voudrait vous voir. Si vous accèdez à ce désir, vous trouverez l'empereur chez lui tous les jours de 5h à 6h, au grand hôtel (rue Auber, 2). En arrivant, demandez à M. de Gobineau, ministre de France à Rio, qui vous introduira...".*

Do mencionado Gobineau conservamos uma carta (de 22 de julho de 1872), escrita em Estocolmo (grafado Stockholm), acompanhada de um atestado do "perito em autógrafos", D. Janvier, estabelecido em Paris, na rua Jacob, 43, que em 22 de agosto de 1950 confirma a autenticidade da referida missiva de Gobineau, de três páginas e meia e que trata, inclusive, da redação, pelo Imperador D. Pedro II, das suas "Notas de Viagem". E, finalmente, neste grupo surge o documento 5, um manifesto curioso, "À Nação", firmado em 20 de dezembro de 1893 por L.F. Saldanha da Gama.

Outro tesouro do *Arquivo* é o "Livro de Atas" da Comissão Diretora do Partido Republicano Paulista, de 1892 a 1927, uma doação do poeta Acadêmico Paulo Bomfim (Cadeira 35), qua abrange todas as atas das reuniões dessa Comissão Diretora, desde a "Primeira reunião dos membros da Comissão Central do Partido Republicano do Estado de São Paulo" realizada em 2 de abril de 1892, assinada por Cesário Motta, Júlio Mesquita e Victorino Gonçalves Carmilo até o registro da convenção do Partido Republicano em 5 de maio de 1927, que resultou na indicação de **Julio Prestes** de Albuquerque como candidato à Presidência do Estado de São Paulo.

Insigne poeta paulista foi, sem dúvida, Vicente (Augusto) de Carvalho (Cadeira 37), natural de Santos (1866-1924), conhecido principalmente pela obras *Relicário* (1888), *Rosa, Rosa de Amor* (1902), e a famosa coletânea Poemas e Canções (1908), a reunir todos os poemas publicados. Entretanto, data de 17 de abril de 1898 um album poético de 35 poemas manuscritos, hoje acervo do Arquivo, ao qual seu autor deu o título de *Alma errante,* apondo a seguinte nota (repetida) na página de abertura: "Desse manuscripto só se tira o presente exemplar commemorativo e offerecido, dedicado e consagrado a Carlos d'Affonseca."

As primeiras duas páginas introduzem o volume, sendo seu texto:

................................"Carlos

O meio seculo que hoje te chega encontra-te como si não fosse nada comtigo, com o bigode virgem da alva caliça de que o tempo suja as barbas daquelles a quem vae esboroando, com um coração alegre e são de quem vae pela manhã de sol dos vinte annos. És, afinal de contas, uma roseira meio-secular, e toda florida ainda das primeiras rosas.

Ora, essa conquista da tua viçosa mocidade sobre uma cousa tão poderosa como é geralmente um Meio Seculo, inspirou á minha velha amizade a idéa de uma commemoração extraordinaria, ressurreição, especial para o caso, dum pobre poeta morto ha bons dez annos, e desde esse tempo enterrado no esquecimento e nas gavetas.

É possivel - que é que não é possivel neste mundo? - que outro meio seculo ja te não encontre no mesmo viço de mocidade primaveril. Si então ja fores velho - cousa em que eu, com franqueza, não creio muito - acharás neste livro um sabor de passado, sempre grato á velhice.

Fallar-te-á elle de uma amizade que vae ja em quasi vinte annos. Acceita-o por essa virtude, que protege o pouco valor dos versos.

Santos, 17 de Abril de 1898

(ass.) Vicente de Carvalho Vicente de Carvalho "

Esta jocosa Dedicatória é seguida de cerca de 35 magnifícos poemas, até então inéditos, muitos dos quais mais tarde publicados em *Poemas e Canções*, por vezes com ligeiras modificações. Integrados no Arquivo, entretanto, encontram-se na versão primeira, graças à doação do álbum manuscrito, oferecido por D. Maria Augusta de Carvalho Faria. O labor poético do vate santista, aqui na fase áurea de produção, revela-se por inteiro. Eis dois dos poemas de "Alma Errante", mais tarde publicados em *Poemas e Canções*.

....I

"Pela vasta noute dormente
Vaga um perfume estranho.
Eu sonho... E sinto - sinto - o aroma ausente
Do teu cabello castanho.

Pela vasta noute - povoada
De rumores e arquejos,
Eu sonho... É tua voz-entrecortada
De suspiros e de beijos.

Pela vasta noute tranquilla
Pairam, longe, as estrellas.
Eu sonho... O teu olhar também scintilla
Assim, tão longe como ellas.

Pela vasta noute sem termo
Que deserto sombrio!
Disperto... Inda é mais triste, inda é mais ermo
O nosso leito vazio...

Pela vasta noute que finda
Sóbe o dia risonho.
E eu cerro os olhos para ver-te ainda,
Ainda e sempre em meu sonho.

Em Poemas e Canções este magnífico conjunto integra "Rosa, Rosa de Amor" como Poema VIII, sob o título "Serenata", com a inversão das segunda e terceira estrofes e substituições menores (mas bastante características) no interior da obra. Como exemplo de tais substituições e modificações a que Vicente de Carvalho submetia seus poemas eis outro exemplo de "Alma Errante" e publicado depois na famosa coletânea entre "Folhas Soltas".

Eis a versão primeira:

"Nem só o olhar dos olhos de quem ama
Revela o amor que se suppõe secreto,
E o mais medroso, o mais occulto affecto
Ingenuamente á luz do sol proclama.

Tambem a voz, indiscreção bemdita!
Tráe o amor sob a phrase indifferente,
E debalde a palavra finge e mente...
Na voz que treme o coração palpita.

Desvias dos meus olhos infelizes
O olhar cheio de um ceu que eu sei que existe,
Dizes que não... E a voz treme, tão triste,
Que ouço tudo que sentes e não dizes."

Publicados, os versos, notadamente da terceira estrofe, assumem outra feição:

"Nem só o olhar dos olhos de quem ama
Revela o amor que se supõe discreto,
E o mais oculto, o mais medrozo afèto
Injenuamente á luz do sol proclama.

Também a voz, indiscreção bemdita,
Tráe o amor sob a fraze indiferente:
E debalde a palavra finje e mente:
Na voz que treme o coração palpita.

Desvias dos meus olhos infelizes
O teu olhar...Dizes que não...Loucura!
Em tua voz que tremula murmura
Ouço tudo que sentes e não dizes."

Surge outro, e interessantíssimo, exemplo do labor poético de Vicente de Carvalho se examinarmos três textos poéticos manuscritos, individualmente assinados pelo Autor e conservados no *Arquivo*, que revelam plasticamente o processo criador.

Referimos-nos a *De manhã, III* que na versão definitiva, integrada em *Poemas e Canções* assume a feição seguinte:

"III

A inspiração de um poeta é como solo inculto
Que á toa se abre em flôr:
Todo esse turbilhão de idéas em tumulto
Que, nem eu sei porque, rimei com tanto ardor,
Veiu-me de ter visto
- Pela janela do meu quarto de doente -
Que maravilha?
- Isto:
Um trecho muito azul de céu alvorescente;
Um pedaço de muro engrinaldado de hera;
E, rezumo feliz de toda a Primavéra,

Ao leve sopro de uma arajem preguiçoza,
O balanço de um galho embalando uma roza..."
(Vicente de Carvalho, Poemas e Canções, 13a. ed., p. 135)

As três versões anteriores, esboçadas e corrigidas pelo Autor, hoje conservadas na Academia Paulista de Letras, permitem contemplar o laboratório poético de Vicente de Carvalho, já que apresentam feições convergentes, que haveriam de ser postas de lado em favor do texto finalmente aprovado para publicação. São as seguintes:

"III
A inspiração de um poeta é como solo inculto
Que a toa se abre em flor...

Todo esse turbilhão de idéas em tumulto
Desabrochando ao acaso em rimas sem valor,
Veiu-me de ter visto
.....................Que maravilha?

Isto:
Pela janela do meu quarto de doente,
Um pedacinho azul de ceu alvorecente;
Um velho muro, todo envolto em ramos de hera
E, como a resumir toda uma primavera,

Ao leve sopro de uma arajem preguiçoza,
o balanço de um galho embalando uma roza."

Cabe observar que esta versão foi várias vezes corrigida na própria folha pelo poeta, assim o quarto verso, onde "ao acaso" substituiu um anterior "a toa", assumindo os versos dez e onze o aspecto citado, depois de suprimida a seguinte versão:

"Um muro de jardim, todo ensomado de hera;
E, resumindo para mim a primavéra"..."

Outra versão do mesmo poema apresenta a seguinte feição:

"III

A inspiração de um poeta é como solo inculto
Que a toa se abre em flor...

Todo esse turbilhão de idéas em tumulto
Desabrochando a toa em rimas sem valor
Veiu-me de ter visto
Que maravilha?

Isto:
Pela janela de meu quarto de doente,
Num azul de ceu alvorecente,
Ao leve sopro de uma aragem preguiçoza
O balanço de um galho embalando uma roza..."

E, a seguir, ainda outra versão do mesmo poema:

"A inspiração de um poeta é como solo inculto
Que a toa se abre em flor...

Todo esse turbilhão de idéas em tumulto
Desabrochando a toa em rimas sem valor
Veio-me apenas disto:

De, em estazi, ter visto
Pela janela do meu quarto de doente,
De doente tresnoitado,
- Sob um pedaço azul de ceu alvorecente,
Na doçura do ar silencioso e lavado,

Ao leve sopro de uma arajem preguiçoza,
O balanço de um galho embalando uma roza."

Conforme mencionado, Vicente de Carvalho apôs sua assinatura a cada uma das três versões, entre as quais a última deve ter sido cronologicamente a primeira, pois falta-lhe a indicação III, a destinar o seu lugar entre os poemas "De manhã", e uma vez que se afasta, mais do que as outras, do texto finalmente publicado.

Graças à doação, efetuada em 1988, através da senhora Eunyce Alves de Lima Porchat, nora do Acadêmico Prof. Reynaldo Porchat (fundador da Cadeira 20), o *Arquivo* foi enriquecido com quatro cartas manuscritas de Euclydes da Cunha, datadas respectivamente, de 13 de agosto e 20 de outubro de 1892 e de 21 de abril e 23 de maio de 1893, dirigidas ao Prof. Dr. Reynaldo Porchat (1868-1953), mais tarde Diretor da Faculdade de Direito e Reitor da então nova Universidade de São Paulo. A primeira dessas cartas apresenta-se assim:

"Porchat -

Rio, 13 Agosto de 92

Assim como mudaste o dia da tua correspondência, mudo eu o da minha; nada de sextas-feiras! escrever-te-hei de ora avante nos sabbados, dias mais alegres e próprios às prosas agradaveis com os bons companheiros ausentes.

Desejo que esta te encontre mais feliz e mais animado, relativamente a crudelissima molestia que oprime a D. Esmeralda, já que verdadeiramente é este o único motivo que têm, você e Exma. familia, de magoas e tristezas.

Notei a toada ironica do final de tua carta e acho que a mereci; o que queres, porem? é mania, e mania antiga, esta minha de phantasiar-me velho e fingirme coberto de cans e apresentar-me como um octogenário, duramente experimentado... será porque, nevropatha como sou, tenho vivido muito em poucos annos, ou porque nada tenho vivido e não sei verdadeiramente o que é a vida? A verdade é que me sinto mais velho do que moço, maxime agora, em que dou licções e são os sócios constantes das minhas horas occupadas uma sucia de velhos pensadores, constantemente a tumultuar em torno do meu espírito, fallando-me atravez de uma magestosa e silenciosa eloquencia: Newton, Laplace, Gay Lussac, Claude Bernard e etc, etc, etc... Já vês meu digno companheiro que tenho razões para me

III

A inspiração de um poeta é como solo inculto
Que á toa se abre em flor...

Todo esse turbilhão de ideas em tumulto
Desabrochando ao acaso em rimas sem valor,
Veiu-me de ter visto
Que maravilha?

Isto:

Pela janela do meu quarto de doente,
Um pedacinho azul de ceu alvorecente.
Um velho muro, todo envolto em ramos de hera;
E, como a resumir toda uma primavera,

Ao leve sopro de uma arajem preguiçoza,
O balanço de um galho embalando uma roza.

Vicente de Carvalho

III

A inspiração de um poeta é como solo inculto
Que a toa se abre em flor...

Todo esse turbilhão de idéas em tumulto
Dezabrochando a toa em rimas sem valor
Vem-me de ter visto
Que maravilha? Isto:

Pela janela do meu quarto de doente,
Num pedaço azul de céu alvorecente,
Ao leve sopro de uma arajem preguiçoza

O balanço de um galho embalando uma roza...

Vicente de Carvalho

A inspiração de um poeta é como solo inculto
Que à toa se abre em flor...

Todo esse turbilhão de ideas em tumulto
Desabrochando à toa em rimas sem valor
Vem-me apenas disto:

De, em extasi, ter visto
Pela janela do meu quarto de doente,
De doente tresnoitado,
— Sob um pedaço azul de céu alvorecente,
Na doçura do ar silencioso e lavado,

Ao leve sopro de uma arajem preguiçosa,

O balanço de um galho embalando uma rosa.

Vicente de Carvalho

achar affastado, muito distante dos arraiaes brilhantes e ruidosos da mocidade de onde, semanalmente, me chegam as tuas palavras de moço, cheias de esperanças e elevadissimas.

Ando para te escrever, com vagar, uma longa carta, acerca de assumptos altamente interessantes, tão **caipora** porem tenho sido que sempre te escrevo às pressas, no último momento quasi; creio que realizarei, porem, o meu proposito na proxima carta. Desculpa-me pois o desconchavo em que vae esta escripta, somente agora tenho **assentada a vida**, como dizem por ahi alhures, e somente d'ora avante poderei, correctamente, conversar contigo.

Recommenda-me muito a Exma. familia e bons companheiros d'ahi. Até quarta-feira, sem falta. Receba um apertadissimo abraço de quem é teu

Amigo

(assinado) Euclydes da Cunha."

2)De 1900 a 1945:

São inúmeros os documentos arrolados que datam da primeira parte de nosso século. Precisamente nessa época foi criada a Academia Paulista de Letras (1909), sendo natural, portanto, que a memória escrita, reunida no *Arquivo* se ocupe intensamente desse período. Já, em 1907, pretendera o dr. Joaquim José de Carvalho (fundador da Cadeira 4), criar a Academia da qual viria a ser em 1909 o primeiro Secretário-Geral, mas o projeto teve de ser postergado. Ele próprio, natural do Rio de Janeiro, onde se formou em medicina, clinicou naquela cidade, bem como em Minas Gerais e em Avaré (SP), antes de mudar clínica e residência para São Paulo. Dedicou-se ao magistério, escreveu uma série de livros didáticos e, movido por espírito empreendedor e combativo, consagrou enorme energia ao projeto de fundação da Academia, mantendo violenta polêmica através dos jornais com adversários da idéia, que eram em geral aqueles que não haviam sido sondados para formar o seu núcleo inicial. Através das páginas dos mais conceituados jornais da época, entre os quais cabe ressaltar o "Commercio de S. Paulo", o "Correio Paulistano", o "Estado de S. Paulo", a "Gazeta" e o "Diário Popular", foram travados ferozes combates, muitas vezes resvalando em ataques pessoais e troca de acusações a dificultarem a tarefa que J.J. de Carvalho se tinha imposto. Mais de cem artigos e notas de jornais estão reunidos no *Arquivo*, comprovando o destaque dado à formação e inauguração da Academia, dos quais a seguir serão oferecidos três breves exemplos. Spencer Vampré (Cadeira 31) escreve no dia 27 de novembro de 1909, no "Correio Paulistano", portanto no próprio dia da instalação da APL:

"Inaugura-se hoje a Academia Paulista de Letras. Surgiu, pequenina e hesitante como uma longínqua aspiração, lucilando no pensar e no

sentir da alma paulista; e eil-a que hoje se consolida forte e unida na harmonia perfeita das criações definitivas. Houve mais de um descrente que lampejasse na sua fundação a quebra ou o torpor do pensamento nacional.

Na historia literaria esses medos frivolos são o que são na política os retrocessos improfícuos do espírito conservador. A unidade do Brasil foi, no Imperio, uma questão formal, nascida de pacto, filho antes de tradições absolutistas, do que das tendências nativas de nossa raça. A unidade politica, a unidade literaria, a unidade organica do Brasil manifesta-se agora, a cada passo, como o fructo abençoado do livre pensamento e da livre escolha. A historia da America assignala, em cada uma de suas datas, o triumpho estupendo da liberdade e da tolerancia; e o Brasil dentre todas as nações da América, e os Estados do Brasil, qual mais, qual menos, têm ininterruptamente timbrado em iniciativas fecundas para nossa cultura e para nosso progresso.

Não podemos avaliar a influencia das collectividades no dominio intellectual.

Ás vezes, ella se anulla, inefficaz e infructifera, como a estagnação invital de um lago aprodrecendo ao sol; mas essa mesma impulsão invencivel que são o exercito, ou a multidão criminosa, as sociedades de capitães ou as nações que se revoltam, pode produzir muito mais e muito melhor do que um simples, alquebrado, solitario luctador. As settas atiradas contra a Academia lembram a irritação explosiva dos operarios nas praças publicas, agglomerados, em protesto ás primeiras companhias industriaes. Viam apenas a desvantagem passageira do movimento, não podiam, não sabiam alcançar a revolução que se preparava na economia política.

É tempo de discutirmos a importância social da nova Academia. Será grande, fecunda, incomparavel, si ella conhecer na imprensa a fiel companheira de seus trabalhos; si conhecer no povo, o amigo sempre leal, o juiz muitas vezes justo. Note-se como credencial de sympathia, o quente applauso, o interesse espontaneo que senhoreou desde logo todos os espiritos. Cada qual quiz participar de um fragmento da vitalidade da Academia, animar-se ao calor de suas idéas, esquecer a rispida materialidade na vida, na despreoccupação superior dos prazeres da intelligencia.

Para os que amam o Brasil nas tradições generosas de seu passado, para os que trazem os olhos abertos para a Chanaan de nosso futuro, a fundação da Academia Paulista de Letras tem a significação de um verso biblico. Os novos academicos hão de corresponder á confiança que os seus precedentes justificam, e o povo de S. Paulo pode applau-

dir, fervorosamente, a sagração do merito de quarenta homens de letras, que são paulistas, pelo nascimento ou pelo coração, pelos triumphos e pelas glorias, pela lealdade e pelo amor ao trabalho."

Conforme ficou registrado, vários representantes da jovem geração, entre os quais Roberto Moreira, mais tarde festejado membro da Academia, publicaram matérias jornalísticas em que satirizavam a idéia da fundação, polemizando particularmente com Joaquim José de Carvalho. Este tornou pública, através do "Correio Paulistano", do dia 10 de setembro de 1909, a sua resposta (uma entre tantas), aqui reproduzida, não apenas para ilustrar o estilo muito próprio de quem na época chamavam de J.J., mas também porque, se bem que mais longo do que seriam outros exemplos, põe em relevo os nomes dos fundadores das 40 Cadeiras existentes na Academia Paulista de Letras, revestindo-se, assim, de interesse histórico especial. Não será necessário, por certo, sublinhar que a réplica, a seguir publicada, suscitou dos adversários da idéia de uma Academia outras tantas tréplicas...:

"Pelo "O Commercio de S. Paulo", de hontem, primeira pagina, segunda e terceira columna, secção "Dia a Dia, assignada ROB., em falta de melhor assumpto, se estampou tremenda verrina contra a "Academia Paulista de Letras", que, hoje completamente organizada, em breves dias será inaugurada nesta capital.

ROB... é o sr. Roberto Moreira, moço ainda, muito moço mesmo, para poder, com autoridade própria, decidir do merito de velhos batalhadores das letras, e de notaveis e respeitabilissimos mestres seus.

Vou transcrever o trecho em que esse atrabiliario jovem crítico, essa immensa autoridade litterária e scientifica, esse copioso e laureado escriptor, vasou toda a sua eloquencia, todas as suas delicadezas, todo o seu bom senso, as suas melhores louçanias de estylo, de verve, de senso esthetico, de criterio, e de tudo..."

Registre-se bem este seguinte trecho do sr. Roberto Moreira:

"Agora, porém, segundo rosnam, as cousas estão em bom caminho, e, dentro de pouco tempo, estalará a Academia Paulista de Letras., para tortura do Bom-Gosto, do Senso-Commum, da Grammatica, de todas as cousas sérias e respeitaveis deste mundo, e para gaudio dos literataços de meia tigela, dos escrevinhadores ineditos e sequiosos de notoriedade, que anceiam por fugir a justa obscuridade em que vivem, em que viverão eternamente, escouceando, escabujando, berrando improperios à indifferença sensata do publico, que lhes não lê a versalhada hedionda, que lhes não tolera o sarapatel de contos, de romances, de artigos."

Ahi está a synthese do que, para a summa competencia do sr. Roberto Moreira, vai ser a "Academia Paulista de Letras". Agora, já o publico pode saber tudo; e pois, convém dizer bem alto que dessa Academia fazem parte: drs.

Brasilio Machado, dr. Dino Bueno, dr. Reynaldo Porchat, dr. Estevam de Almeida, dr. Almeida Nogueira, dr. Raphael Corrêa da Silva, dr. L. B. Gama Cerqueira, todos sete lentes da Faculdade de Direito, todos sete mestres de Roberto Moreira, unica criatura que, neste mundo, desconhece a vasta capacidade, o immenso valor scientifico dessas altaneiras mentalidades.

Faltam ainda 33.

É bom dizer bem alto que dessa Academia fazem parte: o sábio dr. Luiz Pereira Barreto, o eminente philologo dr. Sylvio de Almeida, monsenhor Francisco de Paula Rodrigues - o Bossuet paulista; dr Alberto Seabra, dr. Claudio de Souza, o eruditíssimo Erasmo Braga, o profundo José Feliciano, o genial Martim Francisco Filho, o doutíssimo dr. Eduardo Guimarães (collaborador d'"O Commercio de S. Paulo"), o historiador dr. Eugenio Egas, etc.; e quem, a não ser o inexcedivel moço Roberto Moreira, ousará contestar o extraordinário merecimento desses dez homens?...

Já são 17 os apontados; mas faltam ainda 23.

Então é bom dizer bem alto que dessa Academia fazem parte os literatos e poetas - d. Presciliana de Almeida, dr. Freitas Guimarães, o velho Carlos Ferreira, Benedicto Octávio, Alberto Faria, Basilio de Magalhães, dr. Raul Soares de Moura, dr. Valdomiro Silveira, dr. Wenceslau de Queiroz, João Vampré, Antonio de Oliveira, Amadeu Amaral, QUE É REDACTOR CHEFE DO "COMMERCIO DE S. PAULO" e outros. E qual destes 12 literatos e poetas precisa do beneplacito do sr. Roberto Moreira?...

São agora 29 os nomeados; vejamos quaes os outros 11.

É bom dizer bem alto que dessa Academia fazem parte: o dr. Ulysses Paranhos, médico de saber, delicado cultor das letras, polyglotta, o dr. Rubião Meira, jovem professor de Medicina, sagrado em vários concursos; o conego Manfredo Leite, orador de grande reputação e lente de literatura; o dr. Gomes Cardim, fecundo e notavel escriptor dramatico; o dr. Ezequiel Ramos Junior, orador e poeta; o dr. Carlos de Campos, jornalista, redactor chefe do "Correio Paulistano"; o dr. Adolpho Pinto, respeitadissimo engenheiro, autor de notaveis livros referentes a historia da viação em S. Paulo, Hippolyto da Silva, o jornalista e poeta reputado; o dr. Pedro de Toledo, orador parlamentar de illibada reputação política, batalhador da imprensa, caracter altivo e independente; José Vicente Sobrinho, escriptor novel, sim, mas festejadamente recebido entre os competentes; e temos por certo que só o immensamente sábio, o immensamente literato, o immensamente poeta, o immensamente jornalista, o immensamente critico, o immensamente competente em tudo e seus restos e quebrados, o jovem sr. Roberto Moreira, será o unico em todo este mundo e seus arredores, o unico a negar o merecimento desses 10 homens de letras.

Ahi estão 39.

O unico que falta dizer é justamente o último que deve ser lembrado, é o unico ponto fraco da "Academia Paulista de Letras", pois é assim mesmo que elle a queria, disso se gloriando bastante; mas ainda esse, nunca foi repellido por editores, não tem contos, nem romances, nem volumes de versos refugados, pois nunca os escreveu; tem antes alguns premios ganhos em concursos; tudo quanto pubblicou está exgottado; e vive hoje da clinica e na imprensa, sendo tambem um dos collaboradores do "O Commercio de S. Paulo".

Eis o que é a *Academia Paulista de Letras* a se inaugurar em breves dias; e eis a que ficam reduzidas as insultantes liberdades do sr. Roberto Moreira!"

J.J. de Carvalho.

Longas foram as reportagens da festa inaugural, publicadas na imprensa paulista do dia 28 de novembro de 1909 e dias subsequentes, reproduzindo inclusive os discursos ali proferidos. Registramos aqui tão apenas o soneto que a nova academica, a poetisa Presciliana Duarte de Almeida (fundadora da Cadeira 8), escreveu em 15 de outubro de 1909 e recitou no próprio ato da inauguração:

Á ACADEMIA PAULISTA

Logares ha de triste horizonte cerrado,
Onde, sem ar, oppresso, o nosso peito anceia,
E o olhar subir não pode: abrupta umbrosa e feia,
a rocha, que o circumda, o deixa aprisionado!

Noutros sitios, parece, habita alegre fado:
Tal das constellações o brilho aformoseia
O largo firmamento...e a vista, á terra alheia,
Sorrindo, ascende ao céo profundo e dilatado!

Assim do pensamento os varios horizontes
- Ora campos de luz, ora sombras de montes-
Têm aqui mais grandeza, acolá mais recamos.

O caminho que se abre é um caminho espinhoso...
Nosso horizonte é curto? é vasto? é luminoso?
Eu não sei, mas respondo: é o horizonte que amamos.

Passando a uma temática diferente, não será nunca demais lembrar que o Arquivo deve ao seu emérito colaborador, aqui já tantas vezes referido, João Fernando (Yan) de Almeida Prado, a doação de parte importantíssima de seu acervo, na qual ressaltam cinco cartas e um cartão escritos por Mário de Andrade

(Cadeira 3), sendo aqui reproduzida, por característica de sua época, a carta enviada de São Paulo a Paris, em 22 de dezembro de 1930:

> *"Yan, sim, tenho mesmo muita coisa que contar porém cadê tempo! Enfim, como resolvi trabalhar mas mesmo serio só do dia primeiro em diante (como todos os anos!) vai mais esta falação. Isto aqui está incrivel de mau-estar, de aflições, de boatos de miserinhas, de esperas irritantes, mas o mais extraordinário é que assim mesmo se respira mais desafogado. Que a coisa milhorou não tem duvida que, mas é incontestavel que ainda não apareceu o homem e o Brasil o que está carecendo é mesmo do homo que não seja apenas faber, que faça alguma coisa de decisivo. Mas ninguem tem coragem de dar um golpe, são todos uns bananas. Até já corre que o meu amigo José Americo de Almeida, atual ministro da Viação, está se preocupando mas é em preparar a candidatura dele prá Academia Brasileira de Letras prá vaga nova do Silva Ramos. Getulio meteu-se em copas. Em todo caso vem de quando em quando um decretinho mais milhor. Aqui em São Paulo a situação é até pandega com o sargentão interventor agora diz-que passeando no Gruarujá. Bem faço eu que no dia seguinte da Revolução vencer já andava falando que estava contra. De fato, no mundo presente só se pode ser contra, é a unica posição verdadeiramente intelectual. A inteligencia humana é mesmo um tamanho desaforo diante da vida que apenas o não-conformismo se acomoda com ela. Castigo de Deus, seu Yan, pra quem como eu acredita em Deus. Castigo de Deus é o homem. Bom, deixemos de filosofias. Queria que você estivesse aqui pra ver o que é a posição dos democraticos. É comico mas faz pena porquê é delicadissima. Tambem pra êles faltou o homem no momento e agora a coisa está mais que delicada. Sairam da governança principal, só alguns delegadinhos por aí fora, tudo por causa dumas besteiras que segundo parece o Rao andou mesmo fazendo na chefia da Policia. Que agora está nas mãos doutro sargentão, como você sabe, cercado de individuos indecenterrimos que naturalmente estão apenas dando tempo ao tempo pra começarem na frescata das delícias e aproveitamentos. Quanto aos herois, Juarez Osvaldo êsses andam veraneando sempre. Parece que a razão é não poderem estar no Rio ou em São Paulo, tal a tempestade de pedidos que recebem dos que fizeram a Revolução, soltaram um Viva, falaram uma palavrinha e agora querem receber a recompensa. Mas a verdade é que não fazem nada e são herois pelo menos duma semi-merda. Achei graça você vir dizendo que o café não tem importância, que o que tem importancia é a situação. Pois seu compadre a situação aqui*

então você acha que é criada pelo Comunismo? É cedo ainda pra Comunismo no Brasil. A situação é todinha criada pelo café sim, malestar de finanças no país todo pelo malestar de S. Paulo. Questão economica sim. E o café não se resolve! Parece incrivel! Os jornais chinhos de entrevistas de sabios que todos resolvem com uma penada o problema do café e nem um gesto que se veja veja! em vez estão já convocando os outros países produtores pra mais um Congresso!!! filhos da puta! o caso é questão dum dumping colossal! decretar o jejum de S. Paulo por algum tempo e dumping pra cima do mundo! mas ninguem tem coragem e principalmente não têm coragem os filhos da mesma dos fazendeiros que bradarão aos céus na certa. Enfim é o Brasil, uma coisa que vai pra diante é impossivel se saber por que desde que se fez republica. Não que a monarquia fosse ideal, Deus me livre! mas tinha uma ordem social e uma organisação de gestos que agora não sabemos mais o que é neste individualismo que a Revolução parece que apenas veio exacerbar.

O interventor se queixa de que anda muito abandonado. Por isso foi tambem veranear uns dias no Guarujá! Pernambucano no Guarujá. Exigiu ganhar o mesmo que o interventor federal, dez contos mensais e mais o conteco e pico que ganha pelo posto militar, é, vale a pena pra ir veranear pelo Guarujá. Mandou mudar toda a papelada de Palacio que agora não traz mais no cabeçalho Palacio dos Campos Eliseos, mas, Palacio do Interventor!!! gostou, heim! Eu que você bem sabe que pouco estou me amolando com estaduanismo até fiquei irritado com essa nova ordem de coisas, tudo assanhado pra vir governar S. Paulo e colher as fruitas da grandeza que só S. Paulo mesmo tem e que nós sabemos que são miserias. Bolei artigo que só o nome é um gôso Susana e os Velhos. O que mais? meu Deus tanta coisa! Agora é ferias e passo os dias nos jardins lendo. Almoço e vou pra êles, da Luz, da Avenida, Pedro II. Milhões de desocupados. Tenho muitos amigos novos. Ha raiva sim, mas tambem uma prodigiosa falta de desejo siquer de organisação, perigo nenhum. Antes aliás tivesse perigo. Seria uma coisa organisada e assim como está, si arrebentar qualquer movimento de revolta contra a vida, creio que será uma russia. Enquanto isso as crianças matam passarinhos e os guardas correm atrás das crianças. Soldados. Uma soldadesca nova esperando você pra estudar. Anteontem, domingo, estive no jardim da luz pra reencontrar suas descrições. Achei sim mas desenvolvida num maximo espantoso. O palavriado alto é inconcebivel de obcenidade, não é possivel mais. Dá licença que acompanhe? essa achei enorme, no meio de toda aquela safadeza. Venha. Isto está a noventa graus na sombra e não concebo mais a sua ausencia. Venha fazer conosco a Revista Brasileira, terceira fase que vamos lançar o ano que vem e é coisa séria. Um abraço e boas festas do

(ass.) Mário "(de Andrade).

Há grande número de documentos epistolares de outros autores, escrevendo acerca dos assuntos do maior interesse a Yan de Almeida Prado, entre os quais cumpre destacar Sérgio Milliet (Cadeira 25) com dezenove cartas, (escritas ora em francês, ora em português), bem como Carlos Oswald, Villa-Lobos, José Mariano Camargo Aranha, Júlio de Mesquita Filho (Cadeira 28) e Paulo Prado. Devem ser mencionadas ainda dezenas e dezenas de cartas dirigidas por autores literários, homens públicos e personalidades de relevo na sociedade paulista a acadêmicos do passado e do presente, o que vai exemplificado com as trinta-e-uma cartas, escritas pelo poeta Benedito Luís Rodrigues de Abreu (1899-1927) entre os anos de 1922 e 1927 ao acadêmico Honorário de Sylos (Cadeira 6) e com o conjunto de mais de meia centena de cartas (de Manoel Bandeira, Altino Arantes (Cadeira 33), René Thiollier (Cadeira 12), Paulo Setubal (Cadeira 10), Fidelino de Figueiredo, Francisco Patti (Cadeira 16), José Geraldo Vieira (Cadeira 39), Valdomiro Silveira (fundador da Cadeira 29), Mário Sette, Jorge Amado, Menotti del Picchia (Cadeira 40), Dinah Silveira de Queiroz e outros), todas dirigidas ao Acadêmico Pedro Oliveira Ribeiro Netto. Entre estas, figuram várias e longas missivas de Adelaida de Castro Alves Guimarães, irmão do poeta Castro Alves e, por ela ofertada, cópia-xerox do último autógrafo do insigne Autor das *Espumas Flutuantes,* entre as peças mais preciosas do *Arquivo.* Encontram-se ali também os originais do livro *Música Popular Brasileira*, com 133 exemplos musicais e 52 fotos inéditas (de 1938), de autoria de Oneyda Alvarenga, que lhe valeu a conquista do Prêmio Fábio Prado.

Vejamos inicialmente uma carta sem data, mas certamente enviada em inícios dos anos vinte a J.F. (Yan) de Almeida Prado, por Sergio Milliet:

"Caro Yan, recebo hoje a tua carta. Que prazer! a primeira do Brasil! Ja deves ter recebido noticias minhas e livros em quantidade. Ainda hontem comprei para ti a edição original do Grand Ecart de Cocteau - 27,50! Sobravam-te ainda doze comigo, por conseguinte abri-te um credito !!! Irei amanhã á Sirène e mandar-te-hei immediatamente o catalogo. Hoje passei a tarde com Blaise Cendrars e fallamos longamente do ***Brésil*** *que elle aliás conhece (Rio). Amanhã vou ver Cocteau. Vou te enviar a primeira edição do Maldorore de Lautréamont et (sic) do Panamá do Cendrars logo que receba o dinheiro. Nos cáes edições antigas interessantes mas sem grande valor. Li o artigo estupidissimo da* ***Folha****. E incrivel que haja homens*

como Aristêo Seixas, Moacyr Chagas, etc.—- Mandem-me Klaxon !!! Vou responder á Folha! Ódio - Paris frio ainda. Necessidade de sol, de bilhares, de beefs, de pockers! Vi o match Carpentier - Nilles - Esplendido! Quebrou a mão mais uma vez porem ganhou! E lindamente. Grande estylo. Vi a ***finale*** *do campeonato de bilhar do mundo! Theatros. Vieux Colombier. Pitoeff - Revistas - Aventuras. Jantei na Dernière com o Oswald. Restaurante do tempo de Rabelais - Cansado!!! Moido!!! Vida cara ainda. Conferencia Oswaldo na Sorbonne victoria nossa! Gritem isso tudo as bestas de São Paulo.*
Abraços Sergio.

Escrever simplesmente a Sergio da Costa e Silva!
tua conta

credito	12.-
1 Cocteau 1 ere éd.	27.50
frais d'envoi	1.50
	28.-
	12.-
debito	16.-

Entre os documentos da década de vinte e trinta, levados por Yan de Almeida Prado encontram-se duas folhas soltas, arrancadas de um bloco de notas, que lhe foram dirigidas por Júlio de Mesquita Filho em setembro de 1935, ocupando-se de providências necessárias para ampliar a biblioteca da Universidade de São Paulo, fundada em 1934:

"Meu caro Yan
Disse-me o Armando (de Salles Oliveira) que não lhe sobrando tempo para ocupar-se pessoalmente da compra da biblioteca encarregou o Waldemar Ferreira de fazer-lhe as vezes junto a você. E pediu-me que escrevesse a você para que v. se ponha em contato com aquele ilustre mandatario de Piratininga à Camara Federal. Haja (sic), pois, junto a ele, que o Armando lhe encarrega. Sabe v. que o meu cunhado e amigo sendo um adepto da supremacia da "economia", nem por isso deixa de dar valor no que diz respeito a "inteligencia". Nessas condições espero ver a sua ideia victoriosa e em breve a novissima universidade de posse dessas preciosidades bibliograficas. Ponha-se em campo e se houver qualquer novidade comunique-se comigo, por carta o (sic) pelo telefone direto da sucursal às 11 horas da noite e

Caro Yan, recebi hoje a tua carta. Que prazer! a
primeira do Brasil! Já deves ter recebido
noticias minhas e livros em quantidade. Ainda
hontem comprei para ti a edição original do
Grand Ecart de Cocteau - 27.50! Sobravam-te
ainda doze comigo, por conseguinte abri-te
um credito!!! Irei amanhã á Sirène e
mandar-te-hei immediatamente o catalogo.
Hoje passei a tarde com Blaise Cendrars
e fallamos longamente do Brésil que
elle aliás conhece (Rio). Amanhã vou
ver Cocteau. Vou te enviar a primeira
edição do Maldoror de Lautréamont et
do Panamá do Cendrars logo que
receba o dinheiro. Nos cães edições
antigas interessantes mas sem grande valor.
Li o artigo estupidissimo da Folha.
É incrivel que hajam homens como
Aristeo Seixas, Moacyr Chagas, etc...
Mandem-me Klaxon!!! Vou
responder á Folha! Ódio —
Paris frio ainda. Necessidade de sol,
de bilhares, de beefs, de pockers!

o match Carpentier-Milles - Esplendido! Quebrou a mão mais uma vez porem ganhou —! 155
Elsindamente. Grande estylo - Vi a final do campeonato de bilhar do mundo! Theatros. Vieux Colombier. Pitoeff - Revistas - Aventuras. Jantei na Dernière com o Oswald. Restaurante do tempo de Rabelais -
Cansado!!! Moido!!! Vida cara ainda. Conferencia Oswaldo na Sorbonne victoria nossa! Livro do Guilherme em setembro victoria nossa! Gritem isso tudo as bestas de São Paulo.

Abraços Sergio

Escrever simplesmente à Sergio da Costa e Silva!

tua conta

	credito	12 —
1 Cocteau 1ª ed.		27.50
frais d'envoi		1.50
		28. —
debito		12 —
		16 —

todos os dias as seis. Recado do velho amigo Julio Mesquita, S. Paulo 22 de setembro de 35"

Outra coletânea de documentos conservados são as já mencionadas 31 cartas do infeliz poeta Benedito Luís Rodrigues de Abreu (1899-1927), dirigidas entre 1922 e 1927 ao acadêmico Honório de Sylos, por ele doadas, e às quais se acrescenta a lista de subscrições, aberta na Redação de "O Estado de S. Paulo" para fazer frente às despesas de seu enterro, bem como recortes de jornais da época, retratando obra e vida do autor de a "Casa Destelhada". Reproduzimos aqui a última das cartas, documentos dos mais tristes e tocantes de quantos conservados no Arquivo:

"Baurú, 1 St^o 927
Não lhe tenho escripto, queridissimo Honorio, por que ando cansado, apavorado, cheio de um terror infantil e triste. Até ha pouco estava alegre, cheio de paz espiritual. Mas, meu cunhado perdeu o emprego, por que a casa onde era guarda-livros fechou-se. Meu irmão está ainda à procura de emprego. Fui, de novo, pro sítio dos "barbeiros". Está um diluvio de chuva. Talvez seja o começo do fim. Escreva-me. Mandei um irmão escrever a você. Não veiu resposta. Reze por mim, para que passe esta angustia que é necessário seja passageira. E diga que me ama. Não quero que me cerque o silencio dos que amo.
Seu de coração Abreu.
O Plínio está forte? E o Cassiano? E o Menotti?"

Outra doação do acadêmico Honório de Sylos ao Arquivo é a carta que recebeu de quem foi governador de São Paulo em 1932, Pedro de Toledo (fundador da Cadeira 39), em 11 de Junho de 1934:

"Meu caro Honorio de Sylos

Soube pelo João Passos Filho não ter chegado às suas mãos a carta, que lhe dirigi, agradecendo o seu livro - "Itararé! Itararé!" e a dedicatória com que me honrou.
Lamento o extraviu e renovo-lhe os parabéns pela obra de sinceridade e de patriotismo, pela qual assignalou a sua presença nos campos da luta, pela autonomia de São Paulo e pela liberdade do Brasil.
Será desse e de outros depoimentos pessoaes que há-de sair amanhã a historia da grande epopéia de 32, em que a mocidade paulista deu os maiores exemplos de heroismo e de sacrifício pela patria.
Com a mais alta estima

(ass.) Pedro de Toledo.

O acadêmico Cleómenes Campos(Cadeira 37) foi poeta dos mais consagrados de seu tempo, tendo publicado principalmente os livros *Coração encantado; De mãos postas; Meu livro de amor; Humildade e Zabelê*, este último um poema em sete contos. Dele se encontra no *Arquivo* livro manuscrito, de cera de cem páginas, com suas *Dedicatórias e cartas em verso*, conforme intitulou essa sequência versificada, da qual segue um exemplo a guisa de demonstração:

"Ao querido Galeão, meu anjo rebellado,
-este livro de amor, com um abraço apertado."

Entre as cartas e obras legadas pelo acadêmico Pedro de Oliveira Ribeiro Neto (Cadeira 26) encontramos textos de Manoel Bandeira, Paulo Setubal, René Thiollier, Fidelino de Figueiredo, Francisco Patti, de Valdomiro Silveira, Mário Sette, Cassiano Ricardo, Altino Arantes, Adelaide de Castro Alves Guimarães (irmã do poeta Castro Alves) e outros mais. Distinguem-se, pela elevada freqüência, as missivas e os artigos e colaborações em revistas e jornais enviadas por Mário Sette (1886-1950), autor de romances, contos e evocações históricas, que no seu tempo usufruía de merecida notoriedade. Entre os escritos de Mário Sette, doados por Oliveira Ribeiro Neto, destacamos uma carta, de 11 de março de 1940, procedente do Recife, terra natal do autor:

"Oliveira Ribeiro Neto:

Um abraço. Você deve estar de posse da minha carta e de uma copia da nota que escrevi sobre seu livro e que vai sair também aqui e numa revista do Pará. Aqui, o jornal tem demorado, por angustia de espaço com a redução de paginas nestes tempos de guerra.
Desejava um obséquio seu. Ouça: eu vinha colaborando com certa regularidade no VAMOS LER e CARIOCA, do Rio. Aliás, remuneradamente. De subito, no entanto, e sem que houvesse obtido até hoje uma "explicação" eles suspenderam essa colaboração, ficando lá, "na cêsta" (?), uns dois ou três originais meus. Queria de você era conseguir, diretamente, (si tiver amizades naquela redação) ou por intermédio do Silveira, os motivos dessa ***"despedida"****...Certamente terá havido algum. Na hipotese, porém, de não existir* ***proposito*** *de me riscarem o nome da lista de colaboradores (talvez por ser escritor de avant-guerre...) v. submeta á apreciação dêles a crônica junto que será a primeira de uma série do mesmo gênero que eu reservaria para Vamos Ler, exclusivamente, caso a aceitem, nas condições da antiga colaboração. Si não prestar, me devolva, por obséquio.*
Por tudo lhe serei muito grato.
Com um abraço do
(ass.) Mário Sette

A crônica juntada, e que o autor esperava ver estampada na revista do Rio de Janeiro, era *Maracatus,* subtitulada "O maracatu é típico do carnaval pernambucano", partícipe do ciclo de evocações históricas, *Maxambombas* e *Maracatus,* completadas aproximadamente na mesma época.

O *Arquivo* deve ainda ao acadêmico Pedro Oliveira Ribeiro Neto a grande coleção de programas e fotografias da famosa declamadora Margarida Lopes de Almeida, que, entre os anos trinta e setenta, se apresentou em quase todos os teatros de língua portuguesa. Os recitais desempenhavam papel integrante da vida cultural da época e as declamações artísticas de versos e prosa de Margarida Lopes de Almeida figuravam entre as mais celebradas. Tendo falecido em 1983 no Rio de Janeiro, era figura ímpar de mulher e de artista. Detentora de inúmeros premios internacionais, ex-aluna premiada da Opera de Paris e da Escola de Belas Artes de França, onde realizou curso de escultura, dedicou a sua vida à interpretação dos grandes poetas universais. Filha da romancista brasileira Julia Lopes de Almeida e de Filinto de Almeida, acadêmico da Academia Brasileira de Letras, levou a arte e a cultura brasileiras a diversos países da Europa e da África, mas consagrou a São Paulo grande parte da existência. apresentando-se sempre novamente na Capital, particularmente na própria Academia Paulista de Letras, na Faculdade de Direito da USP e no Teatro Municipal, percorrendo freqüentemente com a sua arte o interior paulista. Acresce que Margarida Lopes de Almeida ganhou também a fama de possuir as mais belas mãos do mundo, premiadas em concurso internacional, cuja reprodução fotográfica igualmente se encontra no espólio, guardado na APL.

Outro grande benfeitor da Academia Paulista de Letras foi o Acadêmico Claúdio de Souza (1876-1954), fundador da Cadeira 19, também membro da Academia Brasileira de Letras. Legou à Academia Paulista a sua Biblioteca, mobiliada pelo liceu de Artes e Ofícios de São Paulo e da qual fazem parte, entre outros objetos, dois grandes armários de jacarandá, um sofá, uma cômoda, uma escrivaninha, três poltronas e duas gaveteiras igualmente de jacarandá, além de um rico oratório de mais de 250 anos de idade, ostentando finas pinturas. Este oratório (também em jacarandá) é trabalhado em ouro de 24 quilates, tendo ao centro uma imagem artística de Cristo crucificado e, dos lados, as imagens de Nossa Senhora do Carmo, de Nossa Senhora da Conceição e de Santo Antonio. Do legado fazem parte quadros, pinturas e uma valiosa coleção de livros, encontrando-se todo o processo do inventário no *Arquivo* da Academia

Considerando o caráter eminentemente **paulista** da Academia, não há de surpreender o fato de o *Arquivo* conservar copiosa documentação, referente à Revolução Constitucionalista de 1932. São cartas, poemas, anotações de diário, um "Jornal de Trincheira", memórias e, também, cópia manuscrita de um depoimento histórico, destinado à publicação. Tais papéis são oriundos de várias localidades paulistas e, em sua maioria, escritos entre 9 de julho e 3 de outubro de 1932, extensão total do glorioso movimento, nas regiões dos combates.

Segue, de Antão Leme (Pedro de Arzão), o *Canto de guerra para a libertação de São Paulo:*

Às armas, ó paulistanos!
Num só impeto de guerra,
Numa arrancada de insanos,
De nossas glorias ufanos,
Libertemos nossa terra!

Levantae-vos, bandeirantes,
Das catacumbas da história,
Que um bando de rapinantes,
De traiçoeiros assaltantes
Menoscaba a vossa gloria!

Erguei-vos, Fernão Paes Leme!
Levantai-vos, Borba Gato!
Que a vossa raça não geme:
Rilha os dentes, mas não treme,
De escravo ao sofrer o trato.

Amador e Luiz Pedroso!
Fernão Camargo e Anhangüera!
Ortiz e Antonio Raposo!
- num anseio tormentoso
Vossa gente vos espera.

Dáe vossas ordens, senhores!
Para que a raça altaneira,
Filha dos Conquistadores,
Desbarate os salteadores
Numa última Bandeira.

Levantae-vos, bandeirantes,
Sacudindo da mortalha
A poeira de ouro e diamantes,
Que em cidades fascinantes,
Pelos seculos se espalha.

Erguei-vos, Sansão paulista,
E derribando os supportes
Que sustêm esta Conquista
Transforme à nossa vista
As mil traições em mil mortes.

Às armas, ó paulistanos!
Num só impeto de guerra,
Numa arrancada de insanos,
De nossas glorias ufanos,
- Libertemos nossa terra!

O original deste poema, escrito a tinta e com as correções feitas pelo autor, faz parte do *Arquivo*, juntamente com muitos outros documentos da época, entre os quais cabe ressaltar outro, de sumo interesse e redigido por jornalista, nas semanas inquietas de fevereiro de 1932. O documento foi escrito no dia preciso da publicação, pelo governo de Getúlio Vargas, do novo Código Eleitoral e do Anteprojeto da Constituição. Poucos dias mais tarde (em 1º de março de 1932) Pedro de Toledo seria nomeado interventor, atendendo Getúlio Vargas assim à exigência dos partidos Democrático e Republicano paulista para que fosse designado um "interventor civil e paulista". Foi escrito a lápis e aqui segue o documento, de acordo o original (também na sua ortografia, estranhamente atual):

"O Jornal - 25/2/32

Subsídio para a história da revolução em S. Paulo.

O episódio da deposição do dr. Laudo Guimarães de Camargo narrado por uma testemunha presencial.

S. Paulo 24 (pelo telefone) O depoimento de testemunha presencial do episódio da deposição do interventor Laudo de Camargo permite-me oferecer a S. Paulo um valioso subsídio para a história da Revolução em Piratininga. Não se conhecem ainda os detalhes desse deplorável fato, que tão profundamente feriu os melindres paulistas e tanto serviu para desacreditar perante a opinião paulista os metodos politicos dos "leaders" revolucionários que foram seus agentes diretos ou indiretos. É preciso, entretanto, que se vá fazendo a historia desse episodio. Ha muita coisa a ser conhecida e que deve vir a publico para que se fixem diariamente as atitudes assumidas e as decorrentes responsabilidades.

No dia de novembro (sic) do ano passado reuniram-se na presidência (sic) do dr. Aphorodisio (sic) Sampaio Coelho os chefes principais do movimento que, então se realizava no Estado, sob a responsabilidade da Federação de Lavradores, contra o governo do então interventor paulista, dr. Laudo de Camargo. Presentes os srs. Aphrodisio Sampaio Coelho, Gustavo Avelino Corrêa, Octaviano Alves Lima e o comandante João Alberto, concertou-se o plano de deposição indireta do interventor. Tudo assentado e detalhado, foi o plano posto em execução no dia 11 do mesmo mês. E como foi ele realizado diz o depoimento que reproduzo tal como foi escrito por uma das testemunhas presenciais do episódio, a que assistiram somente os srs. Abrahão Ribeiro e Aureo de Camargo, então secretário da Justiça e secretário particular do interventor.

Eis como narra a scena essa testemunha presencial:

> *"Foi exatamente assim: No dia 11 de novembro de 1931 o coronel João Alberto mandou pedir ao interventor uma conferência para o dia seguinte, scientificando ao secretário da Justiça que desejava a sua presença.*
> *No dia 12, pouco depois das 10 horas compareceram ao Palácio dos Campos Elyseos o coronel João Alberto, o general Miguel Costa e coronel Manoel Rabello, o primeiro a paisana, os outros dois fardados. Foram recebidos no salão de despacho pelo interventor, seu oficial de gabinete e secretário de Justiça. Depois de algumas considerações sobre a situação geral do país e sobre a obra da Revolução disse o coronel João Alberto ao interventor com a maior naturalidade:*
> *- "A propósito, eu devo dizer ao sr. interventor o motivo da minha visita.*
> *Fui incumbido pelo dr. Getulio de exigir do interventor a recomposição do seu secretariado e o imediato afastamento do dr. Numa de Oliveira, secretário da Fazenda, por julga-lo imcompativel com o cargo."*
> *O interventor fez-lhe ver imediatamente a injustiça dessa afirmação e o firme proposito em que estava de não dispensar nenhum dos secretarios, todos merecedores de sua confiança. Demais - acresentou resolutamente - quando aceitei a interventoria o fiz sob a condição expressa de organizar o meu governo como entendesse e administrar com a máxima liberdade, livre de quaisquer peias."*
> *E antes que o coronel João Alberto tivesse tendo de retrucar, perguntou-lhe o interventor, secundado pelo secretário da Justiça: que credenciais trazia, carta, ofício ou qualquer documento que o autorizasse a travar em nome do chefe do governo central de assunto de tamanha importância e gravidade?*
> *Ao que o coronel respondeu serenamente:*
> *Eu não trouxe essa autorização por escrito, porque não achei necessária, desde que estava, como estou, autorizado pelo dr. Getúlio."*
> *- "Nesse caso - disse-lhe o interventor - mande-me por escrito o que*

acaba de me dizer." Não poz nisso o coronel João Alberto a menor dúvida, prometendo mandar o escrito daí a pouco. Despediram-se cortezmente.

Durante toda a entrevista, tanto o coronel Rabello como o Gereral Miguel Costa estiveram calados.

Uma hora depois veiu o celebre bilhete dirigido ao "dr. Laudo", transcrito no seu manifesto, onde vem contado "grosso modo" o que se desenrolou dai por diante,

Ha, porém, dois pontos a que o manifesto não alude. Um é esse: Tendo o interventor telegrafado ao chefe do governo provisório, transcrevendo-lhe o telegrama que o general Góes Monteiro mandou ao coronel Rabello, que o estava substituindo no comando da Religião (sic), telegrama esse em que pedia comunicasse ao interventor haver o presidente Getulio tomado conhecimento da carta intimação do coronel João Alberto, cuja atitude aprovava - respondeu-lhe o presidente da Republica no telegrama, de que não dá noticia o manifesto, lastimando que êle interventor houvesse renunciado e pedindo-lhe que, então, passasse o cargo ao comandante interino da segunda Região Militar, coronel Manoel Rabello. Momentos depois era este empossado.

Ao lhe entregar o envelope contendo o oficio de renuncia, disse-lhe o dr. Laudo de Camargo, cercado dos seus secretários, teso, com voz firme, olhando-lhe fundo nos olhos: "Ao passar ás mãos de v.s. o governo de S. Paulo, tenho leve a consciência e a certeza de haver cumprido o meu dever. Possa esse grande Estado ter em v.s. um administrador na altura dos seus meritos e das tradições do seu nobre povo."

O coronel Rabelho (sic), depois de uma pausa, disse emocionado: "Dr. Laudo de Camargo - Recebo das mãos nobilissimas de v. ex. a interventoria de S. Paulo e lastimo que devido ás circunstâncias, me caiba receber legados de tamanha responsabilidade, Farei o que estiver em minhas forças por desempenhar-me cabalmente de (sic) mandato, com a dedicação e lealdade que merece este grande Estado."

O outro ponto não referido no manifesto é o seguinte: Uma vez escrita a resposta do interventor ao bilhete-informação do coronel João Alberto, resposta essa que vem transcrita no manifesto, antes de enviá-la, mandou o interventor chamar a palacio o general Miguel Costa que teve com êle o seguinte diálogo. Senhor general, o sr. assistiu o que se passou aqui ha pouco. Recebi do coronel João Alberto essa carta...

- Eu tenho conhecimento dela - disse o general - foi escrita no hotel S. Bento em minha presença.

- Pois bem - continuou o interventor - eu quero saber qual é a sua atitude como comandante da Força Pública que deve...
Sem deixar que o interventor terminasse o que ia dizer, atalhou o general:
- Eu cumpro ordens do dr. Getulio...
Dispenso-me de grandes comentários. A narrativa simples dos fatos é tão eloquente, que as ilações borbulham no espírito do leitor, uma após outra, cada qual mais incisiva. O dr. Laudo de Camargo era aqui o delegado do chefe do governo provisório. Fora tirado da magistratura, solicitado para solucionar uma grave crise política. Voltam-se contra êle, em certo instante, os interesses faciosos de correntes politicas em formação no Estado, evidentemente, sem o apoio da opinião pública. Trama-se a deposição. E a conspiração vence sem embaraços, sem que a autoridade direta do interventor e indireta do ditador tivesse defesa.
O que ai fica descrito pinta uma época de côres vivas. "

3) **Depois de 1945**:

Em 1948 foi lançada a pedra fundamental do edifício da Academia Paulista de Letras no Largo do Arouche, em terreno doado pelo governo do Estado de São Paulo. Foi ali construido um prédio majestoso de dezesseis andares, até hoje marco distintivo daquela praça tradicional da capital. No dia da cidade de São Paulo, em 25 de janeiro daquele ano de 1948, o presidente da entidade, acadêmico Altino Arantes (1876-1965), que já fôra presidente do Estado e na ocasião exercia a presidência da Academia, pronunciou vibrante oração, cujos originais se encontram no *Arquivo* e que vale a pena registrar:

"Solenemente instalada a 27 de Novembro de 1909, a Academia Paulista de Letras timbrou em realisar o que lhe traçou o seu destino: resguardar, enriquecer, augmentar o patrimonio da cultura, zelando pela pureza e elegancia do idioma.
Na sua vida accidentada e no seu fadário muito instavel, atravéz de longa, e por vezes, penosa caminhada, não logrou um pouso definitivo, onde se concentrassem todos os seus esforços e se realisassem todas as suas aspirações.
Tambem, o beduino do deserto, errando na vastidão, precisa lêr nos vórtices das arêias o enigma dos céos, e prosegue na sua róta, certo de encontrar algures a támara que lhe máta a fome e a agua que lhe mitiga a sêde.
Ella - a Academia - cumpriu galhardamente até hoje sua missão. Fez-se um nucleo onde todo ruido do pensamento humano, nas suas multiplas e tumultuárias actividades, encontra uma repercussão. Acompanhou as

grandes arremetidas de S. Paulo para os surtos da sua grandeza e prosperidade material, tornando-se um fóco de vida espiritual e um centro de intelectualidade. "As academias - escreveu Capivary - são necessarias, conservadoras, por excellencia. Não lhes devemos pedir grandes inovações, o que não é nem póde ser virtude do espirito academico.

O que lhe cumpre manter é o ideal de Arte e Beleza, capaz de espelhar a cultura sedimentada do paiz onde ellas existem."

A nossa não se desviou jamais das suas diretrizes. Deu sua capacidade a tudo quanto entendesse com a elevação do padrão cultural de S. Paulo, a metropole que palpita de seiva e de vida.

Procurou conservar na sua dignidade e elevação aquilo que Ruy chamou: "o senso da **vernaculidade***."*

Não omitiu aprégoar os esplendores e a elegancia que devem revestir a expressão e o estilo; e teve muito em mira não deixar abastadar-se a formosura da lingua de Frei Luiz de Souza, de Camões, de Bernardes e de Vieira.

Vai atualmente pelos espiritos um sôpro iconoclasta, gerando confusão e baralhando idéas. As linguas são organismos perfeitamente formados, tendo sua estrutura peculiar, obedecendo ás leis que lhes foram dadas e traçadas pelos mestres, e sedimentadas pelos séculos, revestindo-se dest'arte de uma tal ou qual intangibilidade. Penso que o monumento, sagrado, veneravel pelas gerações e pelo tempo, não o pódem profanar mãos asperas e pesadas tentando ás vezes chegar e atingir até suas origens para perturba-las. Quanto mais perto ficam ou estão de suas fontes, mais puras se conservam as linguas. As cimalhas do momento pódem e devem, ás vezes, têr seus retoques. Mãos delicadas e escrupulosas realisam este trabalho, não olvidando que a grafia tem tambem a sua estetica. Não póde sêr prerrogativa das academias cientificas e literarias introduzir mudanças arbitrarias, caprichosas e deturpadoras.

Existem ramas que merecem respeitadas e olhadas com enternecimento e carinho. Mais ardentes convirjam os zêlos para os primores cristalinos do vernaculo, que se arrasta, tanta vez, nos livros, nos periodicos, nos cinemas e nos rádios, eriçado de barbarismos, cheio de termos alienigenas, e despojado de viço e de brilho. Os solecismos se entrelaçam uns aos outros tornando agrestes as frases. E uma literatice rasteira, assalariada a interesses subalternos, exploradora dos baixos profundos da miseria humana, cevando-se de pornografia e dissorando corrupção, escarnece e avilta a lingua que rutila na magestade castiça e olímpica de Castilho e Alexandre Herculano, na limpideza sonóra de Latino Coelho, na louçania e elegancia de Francisco de Castro, na simplicidade diafana de Machado de Assis, e na flóra maravilhosa e luxuriante de Ruy Barbosa.

Pretender consagrar aberrações dialeticas e dar-lhes fóros de legitimidade é incorrer na vehemente objurgatória do grande Ruy, quando qualifica isto de surrão, "é surrão amplo, onde cabem á larga, desde que o interventaram para socêgo dos que não sabem a sua lingua, todas as escorias da preguiça, da ignorancia e do máu gosto."

Salvem-se impolutos os pergaminhos da sua fidalguia e fiquem resguardados os florões de sua gloria.

Esta, - sim - deve sêr a suprema ambição dos que se dão ás letras, dos que trabalham com a palavra e com a pena.

A Academia Paulista de Letras póde afirmar ter contribuido para a elevação da nossa vernaculidade. Ha dez anos mantem uma Revista. Outra não conheço que se lhe avantaje. Nas suas paginas reflete-se bem o esforço que busca engrandecer as letras e a cultura. Ininterrupto tem sido o seu afan durante estes longos anos.

Os que vão ou partem para a outra ribanceira da vida entregam aos seus sucessores os archotes acêsos, e sabem que num ritual perene recebem o culto da amisade, perpetuado nos seus nomes e guardado no aroma da saudade.

O convivio não acabou. Continúa. Os ausentes que labutaram na mesma faina revivem no meio e no coração dos que ainda ficáram.

... A Academia veste-se hoje de gala. Ella celebra o marco que assignála a sua morada neste pedaço de chão, doado pela generosidade do Dr. Fernando Costa, a quem rende neste momento um preito de gratidão.

Coincide a data auspiciosa e festiva com outro acontecimento, que brilha em letras de ouro nos fastos da história. No dia de hoje, o planalto de Piratininga estremecia á benção e á palavra do missionario que trazia a civilisação christã e inaugurava a magnificência desta metropole. Nos tambem evocamos e invocamos o mais rustico e o mais sertanejo dos oraculos do nosso agiologico, no expressivo dizer de Pedro Calmon.

A Academia Paulista de Letras muito desvanecida e grata pela benção do Pontifice, e muito honrada com a presença desta ilustre assistencia quer dizer agora a sua ultima palavra. Aqui nesta ***magna domus*** *haverá* ***magnus labor****. Redobradas serão as energias, ampliada será a esfera da acção. Acolhidos carinhosamente serão os valôres do espirito. E jamais serão sonegados os laureis aos que mourejam nas letras. Confiada nestes propositos, a Academia vem lançar tranquilla a ancora das suas esperanças, debaixo das bençãos divinas."*

Outra benfeitora, a Da. Margarida de Queirós, filha do acadêmico Amadeu de Queirós, doou ao **Arquivo**, além de livros completos e inéditos inacabados do pai, muitos recortes, notas, bilhetes e cartas, entre as quais uma, escrita em 1956, ano seguinte ao falecimento de Amadeu de Queirós, valorizando um dos seus trabalhos póstumamente publicados, de autoria do acadêmico e professor Antonio Augusto Soares Amóra (Cadeira 30) em 1956 e enviada à doadora das obras do pai. Tratando-se de missiva do saudoso presidente desta Academia, Antonio Augusto Soares Amóra, há pouco tempo (e demasiado cedo) desaparecido do convívio de seus confrades, transcrevemo-la aqui, como outro magnífico exemplo dos documentos conservados:

> ***Faculdade de Filosofia, Ciências e Letras, Universidade de São Paulo.***
> *"São Paulo, 4 - 10 -56.*
> *Excelentissima Senhora*
> *Dona Margarida.*
> *Respeitosas saudações.*
> *Perdoe-me o atraso com que lhe escrevo para agradecer a oferta atenciosa das Memórias do nosso muito querido e nunca esquecido Amadeu de Queirós. O atraso foi inevitável: quis ler a obra antes de lhe escrever. Li-a; terminei ontem a sua leitura. Nela todas as grandes qualidades de espírito, de coração e de poder criador de seu grande Pai! Tudo nessa obra avivou-me o respeito pela personalidade do seu Pai e pelas suas excepcionais qualidades de escritor. Tudo avivou-me a saudade muito grande que tenho dele. Saudade que se aviva, que me faz sofrer, mas ao mesmo tempo se reconforta nessas páginas, tão vivas são, tão sinceras, tão Êle mesmo - tão poderosas em pôr o nosso querido e inesquecivel amigo e Mestre novamente em nosso convívio!*
> *Muito e muito obrigado pela oferta, tão carinhosa. E efusivos cumprimentos pela obra que realizou, publicando o que o nosso querido e inesquecível mestre não pôde publicar.*
> *Respeitosos cumprimentos de (ass.) A. Amóra"*

Conforme anteriormente mencionado, coube a iniciativa de instalar-se o *arquivo* ao saudoso acadêmico Leonardo Arroyo, que durante quinze anos se dedicou à sua primeira organização. Certa feita (em 9 de abril de 1981) comunicou à Academia, em nome do Acadêmico João Fernando (Yan) de Almeida Prado, importantíssima doação, cujas mais importantes peças já foram aqui referidas, mas cuja entrega merece destaque particular. Assim sendo, vai aqui transcrita a comunicação (oral e escrita) de Leonardo Arroyo:

> *"Sr. Presidente, Srs. Acadêmicos,*
> *Faço neste momento entrega aos arquivos desta Academia de uma coleção de cartas da mais alta importância para conhecimento de certa fase do desenvolvimento cultural brasileiro, a partir da segun-*

da década deste século. São cartas de José Mariano, de Paulo Prado, de Carlos Oswald, de Julio Mesquita, de Vila-Lobos, de Mario de Andrade e de Sergio Milliet, num total de 31 documentos. Estas cartas, por sugestão do acadêmico Pericles Eugenio da Silva Ramos, foram pedidas por mim ao historiador João Fernando de Almeida Prado, que as cedeu prontamente para os arquivos desta Casa. Avultam nesse elenco, sr. Presidente, as cartas de Sergio Milliet, datadas de 1923, transmitindo a São Paulo, ou melhor, a João Fernando de Almeida Prado, o movimento renovador que se desenvolvia na Europa com reflexos no Brasil onde um grupo ativo, fundando revistas e jornais, escrevendo livros, procurava sacudir o ranço cultural em que vivíamos. Não é este o momento oportuno para se analisar estas cartas. Creio que alguém poderá fazê-lo com mais paciência, sendo certo que muitas delas foram publicadas por João Fernando de Almeida Prado no seu livro polêmico intitulado ***A Grande Semana de Arte Moderna****. Mas é este o momento, sr. Presidente, para lembrar a importância destes documentos que ficam agora sob a guarda da Academia Paulista de Letras. Solicito, pois, constando da ata desta sessão ad perpetuam rei memoriam a entrega dos documentos, que a diretoria providencie uma pasta especial de guarda de documentos para que não se extraviem tais peças, que são as seguintes: 1) uma carta de José Mariano Camargo Aranha, de 1929; 2) uma carta de Paulo Prado, s.d.; 3) uma carta de Carlos Oswald, de 1923; 4) duas cartas de Julio Mesquita, uma de 1935 e outra sem data; 5) uma carta de Vila-Lobos, de 1926; 6) sete cartas de Mário de Andrade, de 1930, 1930, 1931, 1931, 1937 e uma sem data e 7) e 18 cartas de Sergio Milliet de 1923, com uma ou duas de 1925. (...)"*

Apensa a esta comunicação se encontram duas observações do Acadêmico Lycurgo de Castro Santos, segundo as quais se trata, no caso de Mário de Andrade, de 6 documentos, cinco cartas e um cartão, e, no de Sergio Milliet não de 18, mas de 19 cartas. Constam ainda vários documentos diretamente designados a Leonardo Arroyo, e entre os mesmos, uma apreciação crítica de interesse do livro *Os três Sargentos*, de Yan de Almeida Prado (1931), escrita por José Antônio Pereira Ribeiro, Procurador de Justiça, aposentado, que propõe, na correspondência enviada a Leonardo Arroyo, uma reedição deste "segundo melhor romance modernista" pela própria Academia.

Outro membro da Academia a quem o *Arquivo* muito deve é o igualmente muito referido Acadêmico Pedro de Oliveira Ribeiro Neto, que entre os documentos legados (cartas de acadêmicos e de alguns dos mais ilustres escritores brasileiros, entre os quais Manuel Bandeira, José Geraldo Vieira, Monteiro Lobato, além de autógrafos de Álvares de Azevedo e Castro Alves) doou ao Arquivo manuscritos próprios, inéditos em sua maioria, recebidos em junho de 1986. Trata-se de "Versos", um caderno de poemas, sem indicação de data, de "Bandeirantes", poema épico escrito em 8 de abril de 1926 e dedicado à sua Mãe, de "Girandola de Alegria e de Felicidade", livro de poesias do ano de 1928, de 91 páginas, e da peça teatral "Estudantes de outrora", cuja ação se desenrola em 1868 e que tem por personagem central Castro Alves. Segue, como exemplo, o poema final de "Girandola":

"Os versos que deixei de te mandar,
que guardei dobrados
num relicario,
espalhados
como as contas dum rosario,
eil-os aqui:

Não têm a belleza
que eu lhes quizera dar,
e a macieza
duma petala de flôr...
nem a doçura da polpa dum caqui,
o colorido das tintas dum pintor...

São palavras a bailar n'uma farândula!
São cantos de mocidade,
gritos d'alma sadia...

Mostram n'uma polychromia de girandola
lampejos fulgurantes de alegria,
sonhos ingenuos de felicidade!"

O *Arquivo* conserva outrossim de Pedro Antônio de Oliveira Ribeiro Neto um "caderno de poemas" dos muitos que o Poeta organizara, pois tinha o costume de anualmente impregnar folhas de um caderno com sua inspiração poética. O "Caderno" do nosso acervo cobre o período de 26 de janeiro a 23 de novembro de 1982 e reúne 165 poemas, em grande parte sonetos. Aqui vai transcrito o primeiro deles:

O Caderno Novo

Começo o ano num caderno verde
depois de terminado o preto antigo,

Agora o que interessa mesmo é ver
de que maneira vou me haver comigo,

se a capa verde faz ganhar ou perde
para o velho caderno que eu consigo
ver como alguem que eu quero e que me quer
de provada maneira e do qual digo

que sempre foi fiel e teve gosto
em receber e não jogar ao rosto
os versos que escrevi sem meditar.

E se eu deixei um sentimento oculto,
como uma ideia que perdeu o vulto,
o capa-verde vai ressuscitar."

Assim encerramos este relato. Trata-se, conforme já ficou dito, apenas de uma *apresentação* dos documentos coligados neste rico acervo. Outra poderia ter sido a seleção, mas o que importa demonstrar é que a riqueza documentária reunida é de interesse imenso para todos aqueles que se ocupam da história das letras de São Paulo e do Brasil!

INTEGRANTES DA ACADEMIA PAULISTA DE LETRAS (1909-1999)

ANTIGOS ACADÊMICOS

A

ADOLFO Augusto PINTO - 38 - F
AFONSO Antonio de FREITAS - 4 - T (2º)
AFONSO D'Esgragnolle TAUNAY - 36 - T (2º)
AFONSO SCHMIDT - 10 - T (4º)
AFRÂNIO Bastos Bransford Franca do AMARAL - 17 - T (3º)
AFRÂNIO ZUCCOLOTTO - 27- T (4º)
ALBERTO DE FARIA - 15 - F
ALBERTO de Mello SEABRA -12 - F
ALCEU MAYNARD DE ARAÚJO - 30 - T (3º)
ALFREDO BUZAID - 31 - T (4º)
ALFREDO ELLIS JÚNIOR - 18 - T (2º)
ALFREDO GOMES - 38 - T (5º)
ALFREDO PUJOL - 3 - T (2º)
ALTINO ARANTES Marques - 33 - T (2º) (*)
ÁLVARO Maria d' Almada GUERRA - 21 - T (2º)
AMADEU Ataliba AMARAL Arruda Leite Penteado - 33 - F (*)
AMADEU DE QUEIROZ - 5 - T (2º)
AMÉRICO Brasiliense Antunes MOURA - 15 - T - (3º)
Antonio Augusto SOARES AMORA - 30 - T - (4º) (*)
Antonio Carlos PACHECO E SILVA - 34 - T (4º)
ANTONIO João José D'ÉLIA - 4 - T - (6º)
ANTONIO Ferreira DE OLIVEIRA - 25 - F

Antonio DINO da Costa BUENO - 2 - F
ARISTEU SEIXAS - 24 - T (2º) (*)
ARTHUR MOTTA - 16 - T (2º)
AURELIANO LEITE - 8 - T (2º)

B

BENEDICTO OCTÁVIO de Oliveira - 18 - F
BENEDICTO Paulo Alves de SOUZA (Dom) - 11 - T (2º)
BRASILIO Augusto MACHADO de Oliveira - 1 - F (*)

C

CANDIDO Nazianzeno Nogueira da MOTTA FILHO - 2 - T (2º)
CARLOS ALBERTO da Costa NUNES - 5 - T (3º)
CARLOS Augusto FERREIRA - 24 - F
CARLOS Andrade RIZZINI - 31 - T (3º)
CARLOS DE CAMPOS 16 - F
CASSIANO RICARDO Leite - 11 - T (3º)
CYRO COSTA - 4 - T (3º)
CLAÚDIO Justiniano DE SOUZA - 19 - F
CLEOMENES CAMPOS de Oliveira - 37 - T (3º)

D

Domingos RUBIÃO Alves MEIRA - 28 - F

E

Edmundo NAVARRO DE ANDRADE - 38 - T (2º)
EDMUNDO VASCONCELLOS - 10 - T (5º)
EDUARDO Augusto Ribeiro GUIMARÃES - 10 - F
ERASMO de Carvalho BRAGA - 13 - F
ERNANI SILVA BRUNO - 17 - T (4º)
ERNESTO de Moraes LEME - 15 - T (4º) (*)
ERNESTO DE SOUZA CAMPOS - 34 - T (3º)
ESTEVÃO de Araújo ALMEIDA - 22 - F
EUGÊNIO de Andrade ÉGAS - 30 - F
EURICO BRANCO RIBEIRO - 6 - T (3º)
EZEQUIEL de Paula RAMOS JÚNIOR - 32 - F

F

FERNANDO de Almeida NOBRE - 34 - T (2º)
FERNANDO AZEVEDO - 23 - T (2º)
FERNANDO Ferreira de GÓES - 32 - T (3º)
FRANCISCO BRASILEIRO - 29 - T (5º)
FRANCISCO DE PAULA RODRIGUES (PADRE CHICO) - 11 - F
Francisco FRANCO DA ROCHA - 3 - T - (3º)
FRANCISCO PATI - 16 - T (3º)

G

GOFREDO Teixeira DA SILVA TELLES - 4 - T (3º) (*)
GUILHERME DE Andrade ALMEIDA - 22 - T (2º)
GUSTAVO de Paula TEIXEIRA - 10 - T (3º)

H

HONORIO DE SYLOS - 6 - T (4º)
Hovanir ALCANTARA SILVEIRA - 16 - T (4º)

I

IBIAPABA de Oliveira Martins - 29 - T (4º)
IBRAHIM de Almeida NOBRE - 21 - T (6º)

J

João (YAN) Fernando DE ALMEIDA PRADO - 18 - T (4º)
João Nepomuceno MANFEDO LEITE (Mons.) - 23 - F
João Pedro da VEIGA MIRANDA - 35 - T (2º)
JOÃO VAMPRÉ - 6 - F
JOAQUIM JOSÉ DE CARVALHO - 4 - F (Idealizador da Academia)
José Augusto CESAR SALGADO - 24 - T (3º)
José Bento MONTEIRO LOBATO - 39 - T (2º)
José Carlos de ATALIBA NOGUEIRA - 29 - T (3º)
José Carlos de MACEDO SOARES - 1 - T (3º)
José de ALCANTARA MACHADO de Oliveira - 1 - (2º) (*)
José de CASTRO NERY (Mons.) - 13 - T (2º)

José de FREITAS GUIMARÃES - 7 - F
José de FREITAS VALLE - 21 - T (4º)
José FELICIANO de Oliveira - 40 - F
José FREDERICO MARQUES - 34 - T (5º)
José Geraldo NOGUEIRA MOUTINHO - 13 - T (4º)
JOSÉ GERALDO Manuel Germano Corrêa VIEIRA Machado Drummond da Costa Fortuna - 39 - T (3º)
José HIPÓLITO DA SILVA Dutra - 31 - F
José Pedro LEITE CORDEIRO - 19 - (2º) (*)
José SOARES DE MELLO - 20 - T (2º)
JOSÉ TAVARES DE MIRANDA - 36 - T (4º)
José VICENTE de AZEVEDO Sobrinho - 35 - F
JÚLIO DE MESQUITA FILHO - 28 - T (2º)

L

LEÃO MACHADO de Salles - 38 - T (4º)
LEONARDO ARROYO - 21 - T (7º)
Leonel (LÉO) VAZ de Barros - 14 - T (2º)
LUCAS NOGUEIRA GARCEZ - 3 - T (6º)
LUCIANO GUALBERTO - 29 - T (2º)
Luiz Gonzaga Bandeira de Mello ARROBAS MARTINS 13 - T (3º)
LUIZ Caetano MARTINS - 28 - T (3º)
LUIZ PEREIRA BARRETO - 3 - F
Luiz Barbosa da GAMA CERQUEIRA - 27 - F
LYCURGO DE CASTRO SANTOS FILHO - 23 - T (3º) (*)

M

Manuel Bergstron LOURENÇO FILHO - 32 - T (2º)
MANUEL CARLOS de Figueiredo Ferraz - 27 - T (2º)
MARCOS REY (Edmundo Donato) - 17 - T (5º)
MARIA DE LOURDES TEIXEIRA - 12 - T (3º)
MÁRIO DONATO - 39 - T (4º)
MÁRIO GRACIOTTI - 37 - T (4º)
MÁRIO Raul DE Morais ANDRADE - 3 - T (4º)
MARTIM FRANCISCO Ribeiro de Andrada Neto - 14 - F

N

Nelson PALMA TRAVASSOS - 18 - T (3º)
NUTO SANT'ANNA (Benevenuto Silvério de Arruda Sant'Anna) - 7 - T (2º)

O

OCTACILIO DE CARVALHO LOPES - 9 - T (3º)
ORACY NOGUEIRA - 36 - T (5º)
OSMAR PIMENTEL - 1 - (5º)
OTONIEL de Campos MOTTA (Rvdo.) - 17 - T (2º)

P

PAULO de Oliveira Leite SETÚBAL - 10 - T (2º)
Paulo MENOTTI DEL PICCHIA - 40 - T (2º)
PAULO NOGUEIRA FILHO - 1 - T (4º)
PAULO PEREIRA DOS REIS - 15 - T (5º)
Pedro Antonio de OLIVEIRA RIBEIRO NETO - 26 - T (2º)
Pedro Augusto GOMES CARDIM - 26 - F
Pedro BRASIL BANDECCHI - 38 - T (6º)
PEDRO FERRAZ DO AMARAL - 7 - T (3º)
PEDRO Manuel DE TOLEDO - 39 - F
PEDRO Rodovalho Marcondes CHAVES - 14 - T (3º)
PÉRICLES EUGÊNIO DA SILVA RAMOS - 25 - T (3º) (*)
PLÍNIO AYROSA - 35 - T (3º)
PLÍNIO BARRETO - 21 - T (5º)
PLÍNIO SALGADO - 6 - T (2º)
PRIMO VIEIRA (Mons.) - 4 - T (7º)
PRISCILIANA DUARTE DE ALMEIDA - 8 - F

R

RAPHAEL CORREIA da Silva Sobrinho - 37 - F
RAIMUNDO Álvaro DE MENEZES - 22 - T (2º)
RAUL Carlos BRIQUET - 38 - T (3º)
RAUL DE ANDRADA E SILVA - 38 - T (7º)
RAUL SOARES DE MOURA - 36 - F
REYNALDO PORCHAT - 20 - F
RENÉ de Castro THIOLLIER - 12 - T (2º)

RICARDO RAMOS - 26 - T (3º)
ROBERTO Cochrane SIMONSEN - 21 - T (3º)
RUBENS BORBA DE MORAES - 4 - T (5º)
ROBERTO dos Santos MOREIRA - 30 - T (2º)
RUBENS DO AMARAL - 9 - T (2º)

S

SÉRGIO BUARQUE DE HOLANDA - 36 - T (3º)
SÉRGIO MILLIET da Costa e Silva - 25 - T (2º)
SYLVIO DE ALMEIDA - 17 - F
SPENCER VAMPRÉ - 31 - T (2º)
SUD MENUCCI - 15 - T (2º)

T

TITO LÍVIO FERREIRA - 11 - T (4º)

U

ULISSES de Freitas PARANHOS - 5 - F

V

VICENTE Augusto DE CARVALHO - 37 - T (2º)
Vicente de Paula VICENTE DE AZEVEDO - 27 - T (3º)

W

WALDOMIRO SILVEIRA - 29 - F
WASHINGTON LUÍS Pereira de Sousa - 3 - (5º)
WENCESLAU José DE Oliveira QUEIROZ - 9 - F

(*) PRESIDENTES

BRASÍLIO MACHADO - 1º - (1909-1916)
AMADEU AMARAL- 2º - (1929)
ALCANTARA MACHADO - 3º - (1929-1941)
ALTINO ARANTES - 4º - (1942-1956)

ARISTEU SEIXAS - 5º - (1957-1965)
OLIVEIRA RIBEIRO NETO - 6º - (1966-1970)
ERNESTO LEME - 7º - (1971-1974)
LEITE CORDEIRO - 8º - (1975-1978)
FRANCISCO MARINS - 9º - (1979-1982)
LYCURGO DE CASTRO SANTOS FILHO - 10º - (1983-1986)
PÉRICLES EUGÊNIO DA SILVA RAMOS - 11º - (1987-1990)
SOARES AMORA - 12º - (1991-1994)
RUBENS SCAVONE - 13º - (1995-1998)
ISRAEL DIAS NOVAES - 14º - (1999-2000)

ACADÊMICOS TITULARES

ANA MARIA MARTINS - 7
ANTONIO ERMÍRIO DE MORAES - 23
BENEDICTO FERRI DE BARROS - 12
BOLIVAR LAMOUNIER - 16
CÉLIO Salomão DEBES - 4
CRODOWALDO PAVAN - 25
CYRO de Mello PIMENTEL - 14
DOMINGOS CARVALHO DA SILVA - 29
DUÍLIO CRISPIM FARINA - 40
ERWIN THEODOR Rosenthal - 19
ESTHER DE FIGUEIREDO FERRAZ - 36
FÁBIO LUCAS - 27
FRANCISCO Ferrari MARINS - 33
GERALDO de Camargo VIDIGAL - 24
GERALDO PINTO RODRIGUES - 32
HÉLIO ABRANCHES VIOTTI (Pe.) - 9
HERNANI DONATO - 20
IGNÁCIO DA SILVA TELLES - 5
ISRAEL DIAS NOVAES - 3
IVES GANDRA DA SILVA MARTINS - 31
JOÃO DE SCANTIMBURGO - 8
JOSÉ ALTINO MACHADO - 15
José Benedicto SILVEIRA PEIXOTO - 1
JOSÉ MINDLIN - 30
LUÍS CARLOS LISBOA - 6

LYGIA FAGUNDES TELLES - 28
MÁRIO CHAMIE - 26
MASSAUD MOISÉS - 17
MILTON VARGAS - 11
MIGUEL REALE - 2
MYRIAM ELLIS - 13
NILO SCALZO - 38
ODILON DA COSTA MANSO - 21
ODILON NOGUEIRA DE MATOS - 22
PAULO Lebeis BONFIM - 35
PAULO NOGUEIRA NETO - 10
PAULO VIZIOLI - 39
RUBENS Teixeira SCAVONE - 18
SOLON BORGES DOS REIS - 37
TÉRCIO SAMPAIO FERRAZ JÚNIOR - 34

PATRONOS

ALEXANDRE DE GUSMÃO - 13
AMÉRICO Brasílio DE CAMPOS - 16
Antonio CAETANO DE CAMPOS - 28
ANTONIO CARLOS RIBEIRO DE ANDRADE Machado e Silva (1° do nome) - 21
ANTONIO DE GODOI Moreira da Costa - 35
ANTONIO DE TOLEDO PIZA e Almeida - 18
BARÃO DE PIRATININGA (Antonio Joaquim da Rosa) - 19
BÁRBARA ELIODORA Guilhermina da Silveira Bueno - 8
BARTOLOMEU Lourenço DE GUSMÃO - 11
CESÁRIO MOTA JÚNIOR - 10
Clemente FALCÃO de Souza FILHO - 38
CONSELHEIRO RAMALHO (Joaquim Inácio Ramalho, barão de Ramalho) - 27
EUCLIDES Rodrigues Pimenta da CUNHA - 36
EDUARDO Paulo da Silva PRADO - 5
EZEQUIEL de Paula RAMOS - 32
Francisco Adolfo de VARNHAGEN, Visconde de Porto Seguro - 25
Francisco QUIRINO DOS SANTOS - 24
Francisco RANGEL PESTANA - 31

***

Agradecemos a colaboração da Bibliotecária Maria Luiza de Souza Lima.

***

LEGENDAS: F= Fundador; T= Titular; número cardinal = ao da Cadeira; número ordinal = à posição cronológica do ocupante da Cadeira; (*) = a Acadêmico que ocupa ou ocupou a Presidência.

***

GABRIEL José Rodrigues DOS SANTOS - 39
JOÃO MENDES de Almeida, O VELHO - 37
ISAAC Pereira MONTEIRO JÚNIOR - 22
JOSÉ BONIFÁCIO de Andrada e Silva, O MOÇO - 7
JOSÉ BONIFÁCIO de Andrada e Silva, O PATRIARCA - [illegible]
[illegible]
[illegible] PEREIRA [illegible] - 20
[illegible]
[illegible]
José Vieira COUTO DE MAGALHÃES (Brigadeiro)
JÚLIO César RIBEIRO - 17
LUIZ Gonzaga Pinto da GAMA - 45
Manuel Antônio ÁLVARES DE AZEVEDO - 9
MARTIM FRANCISCO Ribeiro de Andrada (1º do nome) - 14
MATIAS AIRES Ramos da Silva Eça - 3
Monsenhor MANUEL VICENTE - 23
PADRE DIOGO Antônio FEIJÓ - 30
PAULO EGÍDIO de Oliveira Carvalho - 12
PAULO Francisco de Sales EIRÓ - 24
PEDRO TAQUES de Almeida Paes Leme - 34
[illegible] DIAS de [illegible] - 38
VISCONDE DE SÃO LEOPOLDO (José Feliciano Fernandes Pinheiro) - [illegible]

Agradecemos a colaboração da Bibliotecária Maria Luiza de Souza Lima

CRÉDITOS: [illegible]

Coordenação Geral
Israel Dias Novaes
Célio Debes
Erwin Theodor

Capa
Ilustração e foto do Arquivo da
Academia Paulista de Letras

Quarta Capa
Adaptação, sob foto de Paulo Ramos Machado, da capa da primeira publicação feita pela Academia - **Lembrança da Sessão Inaugural** (1909) - para o Volume Comemorativo de seu 90º aniversário

Diagramação
Marli Santos de Jesus

Formato Fechado
16 X 23 cm

Mancha
12,5 X 23,5 cm

Tipologia
Times New Romam e ITC Kabel

Papel
Miolo: Offset 90 g/m2
Capa: Cartão Supremo 250 g/m2

Acabamento
Cadernos de 16 pp, costurados e colados - brochura

Tiragem
1.500 exemplares

Impressão
Imprensa Oficial do Estado
outubro 1999